Bettina Lemke

LE LIVRE DE L'IKIGAI

La méthode japonaise du bonheur

Hugo New Life

Collection New Life dirigée par Valérie de Sahb
Traduit de l'allemand par Sabine Rolland
Graphisme de couverture et mise en pages : Laetitia Kalafat
Lecture et correction : Nathalie Reyss
Visuel de couverture : © Samolevsky/Shutterstock

34-36, rue La Pérouse, 75116 Paris
www.hugoetcie.fr

Dépôt légal : janvier 2018
ISBN : 9782755636369
Imprimé par Corlet Imprimeur S.A.
N° d'imprimeur : 193782

LE LIVRE DE L'IKIGAI

À toutes les personnes qui aspirent à trouver leur propre ikigai.

SOMMAIRE

**« Laissez-vous silencieusement attirer
par la force étrange de ce que vous aimez vraiment.
Elle ne pourra pas vous égarer. »**

Rumi, poète persan

生き甲斐

UNE EXPÉRIENCE CLÉ

« Ikigai ». Je suis tombée pour la première fois sur ce terme japonais aux sonorités agréables il y a quelques années, alors que j'effectuais des recherches sur le thème de l'optimisme. L'ikigai, c'est sentir que la vie a du sens, c'est avoir quelque chose dans l'existence qui vous fait dire que vivre en vaut la peine. Je lisais que les personnes qui ont beaucoup d'ikigai mènent une vie satisfaisante et épanouissante, et savent ce pour quoi elles se lèvent chaque matin. De plus, selon des études récentes, elles ont une espérance de vie plus longue que les personnes ayant peu d'ikigai. Ma curiosité fut immédiatement éveillée. J'étais enthousiasmée d'apprendre que les Japonais avaient leur propre terme pour traduire l'idée d'une vie jugée riche de sens. Nous n'avons pas ce genre de terme dans notre culture occidentale. En outre, il m'a paru parfaitement logique qu'on puisse avoir plus ou moins d'ikigai et qu'il s'agisse d'une force vitale influençant la santé physique et psychique. La personne qui ne voit aucun sens à son existence, qui ignore pour quoi elle vit, pour quoi elle se réveille chaque matin, pour quoi il faut qu'elle attaque une nouvelle journée, dispose logiquement d'une énergie et d'une envie de vivre moins fortes qu'une personne ayant identifié le sens personnel de sa vie et s'arrangeant chaque jour pour faire des choses qui la rendent satisfaite et heureuse.

En quelques secondes, ce thème de l'ikigai m'avait captivée. J'ai donc décidé de l'étudier de plus près, et ce dès que possible. Et c'est ainsi que cette expérience clé – la découverte du principe de l'ikigai – a abouti à la naissance de ce livre.

Première partie

L'IKIGAI, UN MOTEUR DE VIE

LA QUESTION DU SENS

« Tout être humain éprouve au plus profond de son cœur une aspiration ardente à mener une vie riche de sens. [Cette] aspiration suffit amplement à faire de nous des chercheurs et des découvreurs de sens tout au long de notre existence. »

Elisabeth Lukas

Un jour ou l'autre, la question du sens de la vie s'impose à chacun d'entre nous. Peut-être, ne nous la posons-nous pas en termes philosophiques, mais plutôt en nous demandant : « Pourquoi suis-je là, sur cette Terre ? Qu'est-ce que je fais là, au juste ? Et quelle est la raison de tout cela ? » Nous sommes nombreux à ne pas trouver de réponses à ces questions, ou seulement des réponses partielles et insatisfaisantes. Franchement, quelles sont les réponses de nos amis lorsque nous leur demandons ce pour quoi ils se lèvent le matin ? Et qui peut nous dire là, à brûle-pourpoint, quel est le sens de sa vie ? Le plus souvent, nous nous sentons dépassés par de telles interrogations ; évidemment, nous aimerions bien connaître les réponses, mais elles ne sont pas faciles à formuler. Et pour certains, ce sera peut-être la consternation parce qu'ils se rendront subitement et douloureusement compte qu'il leur manque un moteur, une motivation, quelque chose qui les propulse en avant ; leur vie leur apparaîtra alors vide de sens.

Le principe japonais de l'ikigai peut nous aider de façon étonnante à trouver un sens dans notre existence quotidienne. Pourquoi ? Parce que nous possédons tous un ikigai.

Dans la première partie de ce livre, vous découvrirez en quoi consiste cette philosophie de vie fascinante et comment elle peut vous donner l'inspiration, vous insuffler la joie de vivre et l'énergie dont vous avez besoin, et même vous permettre de vivre plus longtemps et en meilleure santé. Dans la deuxième partie, vous pourrez vous consacrer concrètement à la recherche du sens de votre vie. Un programme d'exercices détaillé comportant tout un éventail de techniques mentales à appliquer et de questions à vous poser vous mènera, pas à pas, sur le chemin de découverte de votre propre ikigai. Une fois que vous l'aurez identifié, vous pourrez l'utiliser pour mener une existence inspirée, dynamique et épanouissante – et, dans le meilleur des cas, jusqu'à un âge avancé.

Au vu de tous les bénéfices que vous en tirerez, je ne peux que vous recommander de vous engager avec détermination dans la quête du sens de votre propre vie. Je vous souhaite beaucoup de joie et de révélations sur ce chemin. Et beaucoup d'ikigai. Toujours.

Remarque. Vous pouvez lire ce livre de façon chronologique, du début à la fin, pour découvrir d'emblée quelques éléments fondamentaux et passionnants sur le principe de l'ikigai. Mais si vous êtes impatient de partir à la découverte de votre propre ikigai, vous pouvez aussi aller directement à la seconde partie et aux exercices qui commencent à la page 43 et, de temps en temps, revenir en arrière pour feuilleter quelques pages de la première partie.

JUSTE UNE VISION DE L'ESPRIT ?

Imaginez la situation suivante : on est vendredi soir, veille du week-end. Pour demain samedi, vous avez prévu une promenade en vélo avec la famille ou des amis. Vous voulez vous lever tôt pour savourer le charme de l'atmosphère matinale et profiter pleinement de votre journée. En vous mettant au lit, vous avez le cœur tout guilleret à l'idée de pouvoir enfin prendre l'air, de vous retrouver dans la nature, à respirer le bon air. Vous vous réjouissez à la perspective de mouvoir votre corps, d'être en compagnie de gens que vous aimez, d'échanger avec eux et de faire des pauses agréables pour vous restaurer. Après une semaine difficile, vous êtes heureux de pouvoir enfin vous déconnecter du travail et tout oublier le temps d'un week-end. Vous vous endormez en pensant avec plaisir aux belles choses qui vous attendent et, le lendemain matin, vous vous levez dès la première sonnerie du réveil, gonflé à bloc et plein d'élan. Avoir un but motivant vous fait presque bondir de votre lit et vite oublier la fatigue de la veille, encore présente dans vos membres. Vous savourez votre café, préparez allègrement vos affaires et, hop ! vous partez de bonne humeur et animé d'une belle énergie. Une grande journée pleine d'aventures vous attend et vous comptez bien en profiter au maximum.

Vous connaissez certainement ce sentiment. Peu importe que vous soyez adepte des balades à vélo, des randonnées en montagne, des longues promenades en forêt ou des visites de musées, peu importe que vous passiez votre samedi à faire du canoë, à jouer au foot ou à bricoler un modèle réduit d'avion que vous êtes sur le point d'achever – nous avons tous plaisir à faire des choses qui éveillent notre enthousiasme et nous font battre le cœur un peu plus fort. Comme tout nous paraît plus léger quand nous sommes poussés par une motivation intérieure ! Quand nous savons que nous allons accomplir quelque chose de beau, faire une activité qui nous met en joie. Ne serait-il pas formidable de pouvoir transférer la motivation incroyable que nous éprouvons ces jours-là à la plupart des autres jours de notre vie ? Ne serait-il pas merveilleux de pouvoir répondre systématiquement à la question « Pour quoi est-ce que je me lève le matin ? » ? De pouvoir y répondre facilement, presque spontanément, avec une certitude intérieure profonde ? N'aimeriez-vous pas vous réveiller tous les matins avec la conscience d'avoir quelque chose à faire qui donne du sens à votre vie, qui vous procure un sentiment de satisfaction et d'accomplissement ?

Eh bien justement. Ce qu'il y a de fantastique dans la philosophie de l'ikigai, c'est qu'elle nous montre que tout cela ne doit pas rester une simple vision de l'esprit.

LE BONHEUR DE TROUVER DU SENS À CE QUE L'ON FAIT

Les élégants caractères ci-dessous désignent, en japonais, l'ikigai :

生き甲斐

Par le seul fait de sa polysémie, ce terme est déjà très intéressant en soi. Pour simplifier un peu les choses, on pourrait traduire *iki* par « vivre » et *gai* par quelque chose comme « raison, motif, sens, résultat, valeur, valoir la peine ». Chacun des quatre signes graphiques étant porteur de connotations complexes, l'ikigai désigne à la fois :

- le sens de la vie,
- ce pour quoi la vie mérite d'être vécue,
- le sentiment qui nous fait dire que ça vaut la peine qu'on se lève le matin,
- le bonheur de faire des choses pour le pur bonheur de les faire,
- l'accomplissement de soi et la motivation à vivre,
- le sentiment d'être vivant,
- la raison de vivre,
- la joie et le but de vie.

L'ikigai décrit donc l'état d'une personne qui trouve du sens à la vie et éprouve un grand bonheur de pouvoir faire quelque chose qui a du sens à ses yeux.

Quiconque a identifié son ikigai éprouve une joie de vivre intense et une énorme satisfaction intérieure, fait preuve d'optimisme, se sent vivant et motivé, est capable de s'enthousiasmer, possède des forces intérieures et dispose d'une grande capacité de résilience. La personne sait pour quoi elle vit et dans quelle direction elle souhaite orienter son existence.

Toutefois, l'ikigai ne désigne pas seulement la satisfaction profonde, le sentiment d'accomplissement de celui qui sait ce qui donne du sens à sa vie. Cette notion englobe aussi des activités concrètes, les conditions de vie, les relations à autrui, les attitudes intérieures, les centres d'intérêt, les rêves et les objectifs, et bien d'autres choses encore.

Pour schématiser, on peut dire que notre ikigai personnel comprend quatre grandes catégories :

- les choses que nous aimons faire,
- nos points forts, capacités ou compétences,
- les choses pour lesquelles nous sommes/pourrions être rémunérés ou pour lesquelles nous pouvons obtenir une contrepartie de la part des autres,
- des choses dont le monde a besoin.

Les différents aspects de notre ikigai peuvent appartenir à une, deux ou trois catégories, voire aux quatre catégories à la fois. Je vous propose un exemple concret pour mieux comprendre de quoi il s'agit :

Chez un pianiste de concert qui trouve son ikigai dans la musique, les quatre catégories jouent un rôle. 1) Le pianiste fait quelque chose qu'il aime ; il s'investit à fond et s'épanouit pleinement dans son activité. 2) Il est visiblement doué pour le piano ; jouer de cet instrument est donc un point fort pour lui. 3) Comme il ne joue pas seulement chez lui, pour lui tout seul, mais donne aussi des concerts en public, il fait quelque chose pour le monde. Les gens qui vont l'écouter apprécient sa musique et sa virtuosité, et y trouvent peut-être aussi une part de leur ikigai personnel. 4) Enfin, le pianiste est rémunéré pour ses concerts, ce qui lui permet de vivre de son piano. Par conséquent, il a la chance de savoir ce qui rend sa vie digne d'être vécue. Il peut vivre sa passion, développer ses dons musicaux et pratiquer régulièrement une activité qui fait sens pour lui. Cela le motive, le met en joie, lui procure une satisfaction intérieure et lui permet de se fixer sans cesse de nouveaux objectifs. De plus, son activité est pérenne puisqu'il peut en faire son gagne-pain.

Néanmoins, l'ikigai n'est nullement réservé aux personnes qui se sont découvert *une* grande passion dans l'existence – passion dont ils peuvent, de surcroît, faire leur métier. L'ikigai se cache aussi dans les choses les plus infimes et les plus insignifiantes de la vie, toutes ces petites choses auxquelles on n'accorde guère d'importance – à tort. Ainsi, vous pouvez trouver votre ikigai en regardant le soleil se lever tous les matins, en donnant rendez-vous à des amis pour aller faire ensemble un petit jogging, en lisant des livres qui vous plongent dans d'autres univers, en prenant soin des autres, en étant présent pour votre famille, en faisant de grandes promenades avec votre chien, en apprenant une nouvelle langue étrangère, en exprimant votre créativité dans un cours de peinture, etc. L'ikigai peut signifier les choses les plus ordinaires de l'existence comme les projets les plus ambitieux – les possibilités sont infinies. Et si vous n'avez pas encore trouvé votre ikigai, sa recherche peut représenter un ikigai en soi !

LE TRÉSOR INTÉRIEUR

« La grande question est de savoir si vous allez être capable de dire un “oui” franc et massif à votre aventure. »

Joseph Campbell

J'ai une bonne nouvelle pour vous : nous portons tous en nous un ikigai, ce trésor précieux caché à l'intérieur de nous. Mais nous ne l'avons pas tous encore découvert, et sa recherche peut nous sembler fastidieuse. Pourtant, nos efforts en valent la peine, car il est essentiel d'identifier son propre ikigai pour pouvoir ensuite le mettre en œuvre dans son existence.

La plupart des individus sentent intuitivement combien il est gratifiant de rechercher le sens de sa vie. Cette recherche de sens est toujours quelque chose de très personnel puisque nous sommes tous différents et singuliers. Ce qui est cohérent et épanouissant pour l'un peut n'avoir aucune importance pour l'autre.

DÉMASQUER LES PROJECTIONS

Une fois que nous avons identifié notre ikigai, il nous indique le chemin vers des choses qui suscitent vraiment notre enthousiasme, qui nous correspondent au plus profond de notre âme et qui sont en accord avec nos propres convictions intérieures. C'est pourquoi, lorsque nous nous engageons sur la voie de cette quête de sens personnelle, il est crucial de balayer toutes les couches de représentation et de conviction que nous avons empruntées aux autres, de démasquer les objectifs et les projections qui ne nous appartiennent pas (*voir page 65 et suivantes*). Trop souvent, nous cherchons inconsciemment à répondre aux attentes des autres, avec le risque de perdre de vue nos désirs, nos souhaits et nos buts propres.

Ce qui compte dans cette chasse au trésor personnelle, ce n'est pas ce que les autres jugent important, significatif ou gratifiant, mais ce qui nous touche personnellement, ce qui résonne en nous et nous fait rayonner de l'intérieur, tout simplement parce que nous savons que c'est bien pour nous.

Lorsque vous aborderez la partie pratique de ce livre (*voir page 43 et suivantes*), il ne sera donc question que de vous. Rien que de vous. Essayez constamment d'écouter votre voix intérieure. Bannissez de votre tête des tournures telles que « je devrais » ou « il faut que ». En général, ces formulations proviennent de notre censeur intérieur, lequel est toujours prêt à nous empoisonner la vie et à nous détourner de notre chemin personnel. Dans la quête de votre ikigai, ce qui a de la valeur, c'est uniquement ce qui est important pour vous.

LES TRANSFORMATIONS AU FIL DE LA VIE

Comme nous ne cessons d'évoluer sur notre chemin de vie, différents éléments qui appartiennent à notre ikigai peuvent, bien sûr, se transformer eux aussi. Ce qui est important et porteur de sens pour nous au début de notre vie peut perdre de sa pertinence plus tard. Par exemple, se concentrer de toutes ses forces sur une formation de cuisinier peut faire partie de l'ikigai d'un jeune homme qui teste avec passion de nouvelles recettes culinaires. Il peut se dire : « Devenir un grand chef et donc, après ma formation, avoir la possibilité de travailler dans les meilleurs restaurants du monde fait partie de mon ikigai. »

Et puis, au bout de quelques années, il peut s'apercevoir qu'il aimerait ouvrir son propre restaurant et proposer ses propres créations culinaires à sa clientèle. Sa passion de bien cuisiner pour les autres fait toujours partie de son ikigai, mais son évolution personnelle le pousse désormais à vouloir monter sa propre affaire.

Notre chasse au trésor n'est jamais définie une fois pour toutes et il est recommandé de procéder à des « mises à jour » de temps en temps pour vérifier quels éléments de notre ikigai sont toujours aussi pertinents et quels aspects demandent, au contraire, à être adaptés à notre nouvelle situation de vie ou à notre nouvelle attitude intérieure.

L'ÎLE DES CENTENAIRES

Il existe sur cette terre un lieu paradisiaque où les êtres humains vivent plus longtemps qu'ailleurs. C'est là-bas que l'on trouve le plus fort pourcentage de centenaires parmi les habitants. Mais les gens n'y vivent pas seulement plus vieux – ils y vivent aussi en bonne santé tout en restant autonomes et actifs jusqu'à un âge avancé. C'est pourquoi cet endroit figure depuis bien longtemps dans les légendes chinoises qui le désignent comme le « pays des immortels ». Il s'agit d'Okinawa, une île de l'archipel japonais des Ryukyu, en mer de Chine orientale.

Ici, les gens du quatrième âge jouissent encore d'une forme physique exceptionnelle et savourent leur existence. Les octogénaires mènent des vies de quinquagénaire. Les nonagénaires et les centenaires se déplacent à VTT ou à moto, beaucoup d'entre eux dansent régulièrement, pratiquent le tai-chi-chuan ou même le karaté, et participent activement à d'autres activités sociales. Et la plupart des centenaires ont plaisir à se consacrer toute l'année à l'entretien de leur potager ; ils y cultivent leurs propres aliments dont ils vendent une partie sur les marchés locaux.

Au vu de l'activité débordante et enthousiaste de ces personnes restées si jeunes, il n'y a rien d'étonnant à ce qu'il n'existe pas de mot pour désigner l'état de repos sur l'île d'Okinawa. « Se mettre au repos », « prendre sa retraite » sont des expressions qui ne viennent jamais à l'esprit de ces seniors alertes. Non, le repos ne s'applique vraiment pas à cet univers où un septuagénaire se fait gentiment traiter de « p'tit jeune » par les plus âgés, et ne correspond absolument pas à la philosophie de vie de ces habitants qui éprouvent une joie et une satisfaction intérieures profondes, ainsi qu'une énergie de vie et un optimisme à toute épreuve.

Okinawa est donc aussi l'exemple parfait d'un endroit du monde où les êtres humains ont un ikigai particulièrement fort. La plupart des habitants sont très conscients de leur ikigai et savent à quel point il joue un rôle majeur dans leur existence. Ce n'est que parce que leurs occupations leur paraissent dignes d'intérêt et qu'ils y voient un sens qu'ils sont suffisamment motivés pour aborder chaque nouvelle journée avec gaieté et dynamisme, même à un âge très avancé.

YUIMARU OU LA FORCE DE LA COMMUNAUTÉ

Sur l'île d'Okinawa et notamment dans le village d'Ogimi, au nord de l'île, qui compte environ 3 200 habitants, le principe de l'ikigai est étroitement lié à un sentiment communautaire exceptionnel. Les individus se sentent appartenir à un groupe qui s'est formé sur des dizaines et des dizaines d'années et sur lequel ils savent qu'ils peuvent compter. Ils cultivent des liens sociaux intenses au quotidien et se soutiennent mutuellement. Ce qu'on appelle le « cercle de la cohésion », le *yuimaru*, fonctionne selon le principe de l'entraide. Certes, les habitants essaient de se débrouiller tout seuls dans la mesure du possible et aucun membre du groupe ne cherche à exploiter ni à léser les autres. Mais tous savent qu'il peut leur arriver de devoir dépendre de l'aide des autres. C'est pourquoi chacun part du principe qu'il est responsable à la fois de lui-même et de la communauté. Les individus s'efforcent de gouverner leur existence d'une façon aussi autonome que possible, sans être inutilement à la charge des autres. Mais en même temps, ils ont le sens du collectif et sont toujours prêts à s'investir, à aider leur prochain en faisant preuve d'une grande discrétion et sans volonté de contrôle. L'objectif est de soutenir un membre de la communauté jusqu'à ce qu'il puisse de nouveau s'aider lui-même et se débrouiller seul.

Le principe du yuimaru est un élément important de l'ikigai personnel des habitants d'Ogimi. Ils cherchent activement à donner du sens à leur vie et à rester indépendants le plus longtemps possible tout en étant très investis dans la communauté et en éprouvant un sentiment d'appartenance aussi fort que riche de sens. Les activités individuelles sont très souvent en lien avec la vie collective. Agir n'est pas toujours une fin en soi, mais le moyen d'apporter une contribution à la société. Par conséquent, l'ikigai de chacun sert fréquemment les besoins collectifs et acquiert ainsi un sens plus profond.

Lorsque nos actions ne tournent pas seulement autour de notre propre existence, mais s'orientent aussi vers quelque chose de plus grand et de plus vaste, nous éprouvons un sentiment d'accomplissement, comme le montrent les recherches dans le domaine de la psychologie positive. Le psychologue Martin Seligman, spécialiste de la recherche sur le bonheur, y voit même la condition nécessaire pour trouver un sens plus profond à notre vie. Celui qui cultive des relations sociales stables et n'hésite pas à donner un coup de main à son prochain si nécessaire est doublement gagnant. D'une part, il est lui-même mieux armé pour faire face à ses problèmes personnels puisqu'il peut compter sur le soutien de la communauté et, d'autre part, cela favorise durablement son ikigai.

Naturellement, dans notre monde occidental – et notamment dans les villes – nous ne vivons plus, en général, dans un lien communautaire traditionnellement aussi fort que les habitants d'Ogimi. Mais nous pouvons faire beaucoup pour encourager des relations plus étroites avec nos amis et nos proches. En milieu rural comme en milieu urbain, il existe de nombreuses possibilités d'échapper à l'isolement et de former des communautés. Que ce soit à travers des activités collectives et des projets communs réguliers ou par d'autres formes d'habitat. Avez-vous déjà songé à opter pour un lieu de vie où cohabitent plusieurs générations ? Ou à participer à un vaste projet d'habitat où l'esprit de solidarité est primordial ? Des coopératives aux domiciles collectifs en passant par les résidences seniors, les villages retraite, les résidences services, les logements partagés et l'accueil familial, il existe bien des moyens de sortir de l'isolement et de l'anonymat, même en ville.

Quelle que soit la forme que nous donnons à notre vie, le sentiment d'appartenir à une communauté est l'un des piliers centraux de l'ikigai.

« C'EST DIVIN » – EXEMPLES D'IKIGAI PERSONNEL

Le principe de l'ikigai est solidement ancré dans la conscience des Japonais. Tous savent ce qu'il signifie et à quoi il se rapporte. Pourtant, tous n'ont pas découvert leur ikigai personnel et ne le recherchent pas, d'ailleurs. Beaucoup ont le sentiment qu'il les accompagne au quotidien, tandis que d'autres estiment qu'il ne joue aucun rôle dans leur vie, ou un rôle mineur.

À cet égard, l'île d'Okinawa possède un statut à part. Ici, il semble que le temps se soit toujours déroulé autrement que dans le reste du Japon. Les insulaires ont su préserver une plus grande indépendance et ne se sont pas pliés aux nombreuses contraintes et obligations qui prévalent dans la société japonaise. Si vous interrogez les habitants d'Okinawa sur leur ikigai personnel, ils sont capables de vous répondre immédiatement, notamment les plus âgés. Voici quelques très beaux exemples évoqués par le chercheur américain Dan Buettner dans ses conférences TED sur ce qu'il appelle les « zones bleues » – ces régions du monde où les gens jouissent d'une longévité exceptionnelle.

➻ Un maître en karaté âgé de 102 ans voit son ikigai dans sa capacité à transmettre son savoir à ses élèves.

➻ L'ikigai d'un pêcheur centenaire consiste à aller pêcher trois fois par semaine pour sa famille.

➻ Une femme de 102 ans considère que son ikigai est de passer du temps avec son arrière-arrière-arrière-petite-fille âgée de six mois. Lorsqu'on lui demande ce qu'elle ressent de porter l'enfant dans ses bras, elle répond : « C'est divin. »

Dans les pages qui suivent, vous trouverez les témoignages de personnes de tous âges vivant en Occident, qui ont été interrogées sur leur ikigai après qu'on leur a expliqué la signification de ce terme ou qu'on leur a tout simplement posé la question suivante : « Qu'est-ce qui donne un sens à votre vie ? »

MON IKIGAI, C'EST/CE SONT :

- De voir avec une impatience non dissimulée le potentiel que recèle chaque nouvelle journée qui commence.
- Mes amis et ma famille.
- D'être en compagnie des autres.
- De bien manger.
- De faire du sport.
- D'être quelqu'un de bien et de faire des choses qui me rendent heureux.
- De soigner un tout petit hérisson que j'ai trouvé dans mon jardin.
- Les gens, les animaux, les plantes et la terre.
- De faire de la musique avec mes potes et de nous produire dans des clubs sympas.
- De créer quelque chose de nouveau qui améliore un peu le monde.
- De voir mes enfants grandir jour après jour.
- Les premiers rayons de soleil que je vois le matin à travers la fenêtre de ma chambre.
- L'amour que je porte à mon(ma) partenaire.
- D'avoir une occupation qui m'enthousiasme.
- La possibilité de tomber sur de nouvelles idées.
- De rire avec les autres.
- D'aider les autres à trouver le sens de leur vie.
- Mon violoncelle.
- De travailler bénévolement pour une organisation de défense des droits de l'homme. Cela donne du sens à ma vie, et tous les jours.
- D'en apprendre davantage sur la compassion et de la transmettre à d'autres.

- Pratiquer la méditation en me levant le matin. Elle est devenue la base solide de tout le reste.
- Voyager dans d'autres pays, apprendre à connaître d'autres cultures.
- Mon chien, Sam – il est mon plus fidèle compagnon.
- Être dans la nature – à pied, en vélo, en kayak.
- Le rire de mes petits protégés à la garderie.
- Travailler dans mon jardin, tout le temps.
- D'être enseignante dans un lycée. Travailler avec mes élèves m'apporte toujours quelque chose de neuf et me comble.
- D'apprendre à avoir davantage confiance en moi.
- De me fixer des objectifs et essayer de les atteindre.
- De pouvoir exprimer ma créativité.
- De découvrir le monde sous-marin en faisant de la plongée.
- De prendre un congé d'un mois pour apprendre l'espagnol à Barcelone – c'est mon ikigai du moment.

QU'EN DIT LA SCIENCE ?

Depuis quelques années, les scientifiques s'intéressent de très près au principe de l'ikigai. Pourquoi ? Parce qu'ils le considèrent comme l'une des clés pour vivre longtemps en restant actifs et en bonne santé. Selon des études récentes, les personnes qui ont beaucoup d'ikigai jouissent d'une espérance de vie considérablement plus élevée que celles qui n'ont pas encore découvert le sens de leur vie ou n'organisent pas leur quotidien autour de ce principe. C'est ce que révèle en particulier une étude menée depuis de nombreuses années par Ichiro Tsuji et Toshimasa Sone de la faculté de médecine de l'université du Tohoku, à Sendai, au Japon. Plus de 43 000 adultes sains âgés de 40 à 79 ans et habitant la préfecture de Miyagi ont commencé à participer à l'étude Ohsaki – c'est son nom – en 1994. Les sujets ont répondu à un questionnaire détaillé leur demandant, entre autres, s'ils avaient un ikigai personnel. Ils pouvaient répondre par « oui », « non » ou « peut-être ». Près de 60 % d'entre eux ont répondu par l'affirmative. Sept ans plus tard, 95 % de ceux qui avaient répondu « oui » étaient encore en vie contre seulement 83 % de ceux qui avaient répondu « non ». Les chercheurs ont pris en compte d'autres facteurs tels que l'âge, le sexe, le statut socio-économique, l'indice de masse corporelle, la consommation d'alcool et de tabac, l'activité sportive, le niveau de stress et les antécédents médicaux, et ont pu démontrer le lien entre l'ikigai et une mortalité moindre indépendamment de ces facteurs.

Les résultats de l'étude d'Ohsaki et d'autres recherches dans ce domaine confirment le rôle central de l'ikigai dans la longévité exceptionnelle des habitants de l'île d'Okinawa, en particulier, et la forme physique et mentale surprenante qu'une grande majorité d'entre eux conservent jusqu'à un âge avancé. Toutefois, il ne faut pas négliger le rôle important d'autres facteurs de bonne santé tels qu'une nourriture saine ou une activité physique régulière qui font partie intégrante du mode de vie traditionnel des habitants *(voir pages 25 et 38)*. Ces derniers n'ont pas seulement un ikigai personnel – globalement, ils mènent aussi une existence très favorable au maintien de leur santé. Leur mode de vie très sain porte ses fruits à différents niveaux.

En 2010, l'espérance de vie moyenne des habitants d'Okinawa était de 79 ans chez les hommes et de 87 ans chez les femmes. Comparativement aux autres Japonais ou aux Américains, la population de l'île présente un risque nettement moins élevé d'être victime d'un infarctus ou d'un AVC, ou de souffrir d'un cancer, d'ostéoporose ou de la maladie d'Alzheimer. Comme le montre Dan Buettner dans son livre *Blue Zones*, les cancers du sein et de la prostate sont quatre fois moins importants et les démences dégénératives trois fois moins importantes qu'aux États-Unis.

Malheureusement, l'île d'Okinama n'est plus épargnée depuis longtemps par de nombreux problèmes propres aux sociétés occidentales. Parmi les jeunes générations, beaucoup ne sont plus en aussi bonne santé que leurs parents, grands-parents et arrière-grands-parents. Ils adoptent les habitudes de vie du « monde moderne », fréquentent les fast-foods, sont plus sédentaires et ont perdu le sens de la communauté de leurs ancêtres – notamment parce qu'une grande partie d'entre eux est allée vivre dans les villes. Les conséquences sont évidentes : les nouvelles générations ne vieillissent pas en aussi bonne santé. Le surpoids et les maladies de civilisation comme le diabète et les pathologies cardio-vasculaires ont grimpé en flèche. Au vu de cette évolution, on peut se demander combien de temps encore le paradis d'Okinawa restera l'île des centenaires.

Ce qui est clair, en tout cas, c'est qu'il est important de cultiver son propre ikigai pour rester en bonne santé. À cet égard, nous pouvons prendre modèle sur les « anciens » d'Okinawa. Un équilibre de vie sain constitue la base de l'ikigai. Vous trouverez au chapitre suivant les règles d'or pour y parvenir.

RÈGLES D'OR POUR UNE VIE RICHE DE SENS

À quoi cela servirait-il d'un côté de connaître le sens de sa vie et de l'autre de courir sans relâche d'un rendez-vous à un autre, d'avoir toujours deux temps d'avance dans sa tête, de consulter son portable toutes les deux minutes et de se laisser dicter son rythme intérieur par le rythme des nouvelles qui s'affichent sur l'écran de son PC ou de son smartphone ? Si, pris dans ce tourbillon continu de sollicitations et d'exigences, nous oublions au quotidien de veiller à préserver un équilibre intérieur suffisant, nous serons trop stressés, trop tendus ou trop épuisés pour percevoir notre ikigai, sans parler de mettre en pratique certains de ses aspects.

Il est donc important de décompresser, de nous ménager des petits temps de repos et des pauses plus longues, et de chercher à maintenir un équilibre sain sur plusieurs plans. C'est la seule manière de pouvoir contrer le stress et d'autres facteurs qui nous pompent notre énergie et risquent même de nous rendre malades, et de faire de la place aux belles choses de la vie et à notre ikigai. Les conseils suivants font partie des soins que nous avons tout intérêt à nous prodiguer si nous voulons favoriser cet équilibre.

La respiration consciente

Le stress et la tension nerveuse entraînent souvent une respiration superficielle et une mauvaise oxygénation de l'organisme. Du coup, nous nous sentons vite fatigués ou carrément épuisés. Pour y remédier, orientez consciemment et régulièrement votre attention sur votre respiration et essayez de prendre l'habitude, même dans des situations stressantes, d'inspirer et d'expirer tranquillement et profondément. À cet égard, les méditations sont un bon moyen d'apprendre à diriger votre conscience vers votre souffle. Vous en trouverez quelques-unes à pratiquer dans la partie consacrée aux exercices (*voir page 48*). Dès que vous aurez acquis une certaine pratique dans ce domaine, vous pourrez très vite vous « brancher » intérieurement et faire face à la plupart des situations que vous rencontrez en démarrant un petit exercice de respiration. Vous sentirez une détente, un bien-être et une légèreté nouvelle. Quoi que vous fassiez – que vous soyez assis au bureau, en train de faire des rangements chez vous ou en balade dans la nature – demandez-vous toujours : « Comment est-ce que je respire là, maintenant ? »

Une alimentation saine

Avoir une alimentation équilibrée est également important pour prendre soin de soi. Dans nos sociétés occidentales et malgré une sensibilisation de plus en plus forte aux multiples aspects de la santé, un grand nombre de personnes continuent d'absorber trop de calories et trop peu de nutriments. L'alimentation actuelle est pauvre en fibres et en vitamines, et contient souvent trop de sucre, de sel et d'additifs divers. C'est le cas des plats préparés, notamment.

À cet égard, il est intéressant de jeter un œil sur l'alimentation traditionnelle des habitants d'Okinawa. Ces insulaires font la part belle aux fruits et aux légumes frais (aussi abondants que diversifiés), aux produits à base de soja (le tofu, par exemple), aux algues et au poisson. En revanche, ils consomment peu de viande. De plus, leur nourriture est plutôt pauvre en graisse, en sel et en sucre. Le thé vert est consommé en abondance et les habitants de l'île observent la règle du *Hara hachi bu* – à savoir que l'on doit sortir de table avec l'estomac rempli à 80 % seulement. Autrement dit, rester un peu sur sa faim. Cela évite de trop manger et, qui sait, ce sage principe est peut-être l'un des secrets de la longévité des habitants d'Okinawa ?

Toujours est-il que nous devons prendre le temps de manger et avoir une alimentation aussi saine et variée que possible.

Une activité physique suffisante

Veillez à bouger régulièrement. Le mouvement augmente la sensation de bien-être et de détente, diminue le stress et améliore les performances physiques et intellectuelles. Là aussi nous pouvons prendre modèle sur les habitants d'Okinawa qui demeurent alertes et actifs jusqu'à un âge avancé. Alors, oubliez le canapé !

Un bon sommeil

Un manque de sommeil perturbe notre équilibre et provoque la fatigue. Le sommeil nous permet de nous régénérer et de recharger nos batteries. Si vous voulez prendre vraiment soin de vous, offrez-vous un sommeil suffisant et réparateur.

De plus, un exercice physique régulier, dans l'idéal quatre à six heures avant l'heure du coucher, améliore la qualité du sommeil. Sa durée dépend de vos besoins individuels, mais veillez à avoir un matelas qui vous convient et à créer un environnement sain, propice et le plus pauvre possible en stimuli.

Équilibrer travail et vie personnelle

En général, nous sommes capables d'encaisser sans trop de problèmes des phases de travail intensives et même une certaine dose de stress pendant un certain temps. Mais après avoir répondu à des exigences extérieures importantes, nous avons besoin de retrouver un équilibre. Une sollicitation excessive et prolongée de l'organisme nuit au corps et à l'esprit. À des périodes particulièrement stressantes doivent succéder des périodes de repos prolongé où nous pouvons compenser tout ce dont nous avons manqué provisoirement. Il est alors important de manger comme il faut, de dormir suffisamment, de faire davantage d'exercice, de voir des amis, d'être au calme, de se détendre, de partir en vacances, de plonger dans ses pensées, de retrouver sa créativité, de rêvasser, de réfléchir au sens de la vie et d'être à l'écoute de son propre rythme intérieur.

Encourager la résilience

Toutes ces choses mentionnées ci-dessus que nous nous offrons stimulent notre résilience. Car lorsque nous sommes dans un bon équilibre physique et psychique, les problèmes nous atteignent moins que lorsque nous sommes déjà au bout du rouleau. Notre ikigai contribue également à notre résilience.

La personne qui voit du sens à sa vie et considère comme son devoir et sa responsabilité de lui donner forme, d'en faire une création, sa création personnelle, peut préserver ou retrouver son équilibre intérieur malgré des circonstances extérieures défavorables, des obstacles ou des revers de fortune. Comme le dit Viktor Frankl, le fondateur de la logothérapie : « Ce qui est capable d'aider l'homme à surmonter ses difficultés, c'est de savoir qu'il existe quelque chose de l'ordre du sens qui attend son accomplissement. »

Vivre en communauté

Le temps passé avec d'autres personnes produit sur nous de nombreux effets positifs. L'« être ensemble » encourage l'humour, la convivialité et les activités sociales. Les nouvelles suggestions et les points de vue différents des autres nous permettent de garder un esprit plus ouvert, stimulent notre intérêt et notre curiosité. Si nous découvrons toujours quelque chose de nouveau, c'est en partie parce que d'autres personnes attirent notre attention là-dessus. Une amie peut nous emmener à un concert ou au vernissage d'une artiste– des sorties qui ne nous seraient peut-être pas venues à l'esprit. De nombreuses activités, notamment sportives, nous coûtent moins si nous les pratiquons avec un(e) ou des ami(e)s. Les autres nous offrent un réservoir d'idées inépuisable dans lequel nous pouvons piocher à tout moment. De plus, les relations stables et de confiance, où chacun est prêt à soutenir l'autre en cas de besoin, nous donnent un sentiment d'appartenance, et tout cela est précieux. Vivre en communauté n'est pas seulement bon pour la santé, mais donne aussi du sens à l'existence.

Seconde partie

DÉCOUVREZ VOTRE PROPRE IKIGAI

À LA RECHERCHE DU TRÉSOR

« Dans vingt ans, tu regretteras davantage les choses que tu n'as pas faites que celles que tu as faites. Alors, largue les amarres et sors du port, attrape les alizés dans tes voiles, explore, rêve, découvre. »

Mark Twain

La seconde partie de ce livre vous mène, pas à pas, jusqu'à votre ikigai personnel. Elle renferme un programme d'exercices pratiques qui vous aideront à identifier ce qui est important pour vous, ce qui vous inspire et vous enthousiasme, ainsi que ce qui vous donne une belle énergie et vous procure un sentiment d'accomplissement – bref, ce qui donne un sens à votre existence et vous fait dire : « Oui, la vie vaut la peine d'être vécue. »

Abordez les différents exercices avec un esprit ludique et ouvert, sans trop réfléchir ni vous poser trop de questions. Soyez curieux de ce que vous allez découvrir en vous mettant à la recherche de votre ikigai et ayez confiance : les réponses aux questions posées dans ce programme sont déjà présentes en vous, tel un trésor précieux, et n'attendent qu'une chose : que vous les fassiez émerger.

Alors bonne chasse au trésor !

PRÉPAREZ VOTRE VOYAGE

Ce programme d'exercices vous offre la possibilité de devenir créatif et de partir à la découverte de vous-même. Il contient des outils efficaces avec lesquels vous pourrez réfléchir sur vous-même et sonder plus précisément vos envies, vos aspirations et vos désirs les plus profonds, mais aussi votre potentiel, vos penchants naturels et vos capacités, ainsi que de nombreuses autres facettes de votre personnalité.

L'ensemble du programme obéit à un ordre précis. Il renferme des exercices qui ont fait leurs preuves et qui reposent, en partie, les uns sur les autres. Il est donc conseillé de les travailler dans l'ordre, les uns après les autres. C'est de cette manière qu'ils vous permettront d'apprendre le maximum de choses sur vous-même. Chaque personne étant unique et différente des autres, certains exercices susciteront peut-être en vous une avalanche de pensées, d'images et d'associations d'idées, alors que d'autres vous « parleront » moins ; vous « ramerez » alors davantage pour trouver les réponses. Néanmoins, essayez d'aborder l'ensemble des exercices avec une grande concentration et, en même temps, une certaine légèreté intérieure. Vous aurez ainsi toutes les chances d'avancer sur le chemin de votre ikigai dans des conditions optimales et de découvrir des aspects ignorés de vous-même.

Bien sûr, vous pouvez faire une pause de temps en temps ou remettre à plus tard certains exercices. Vous n'avez aucun délai à respecter pour mener à terme ce programme. Vous pouvez interrompre les exercices et, dès que vous avez un peu de temps devant vous ou que l'envie revient, reprendre le programme à l'endroit où vous l'avez laissé.

Pour réaliser les exercices, veillez à choisir un endroit calme où vous ne serez pas dérangé. Il est important que ce soit un lieu où vous vous sentez bien, chez vous ou dans la nature. Il vous faut uniquement le livre que vous avez en main et deux crayons de couleurs différentes – l'un pour noter par écrit les idées qui vous viennent (premier temps), et l'autre pour souligner, entourer ou prendre des notes sur le contenu de ce que vous venez d'écrire (second temps). Vous trouverez des instructions précises au cours de chaque exercice.

De nombreux exercices commencent par une petite séance de brainstorming qui vous invite à laisser libre cours à vos idées. Écrivez simplement ce qui vous passe par la tête, sans trop réfléchir. Ne vous mettez pas de frein ni de limite. Surtout, ne vous censurez pas. Le processus doit être créatif et agréable. Vous avez ensuite la possibilité de relire ce que vous avez écrit en mettant en valeur certains éléments et d'y réfléchir le temps nécessaire.

Le voyage commence…

VOS PREMIERS PAS

Installez-vous confortablement, décontractez vos épaules et concentrez-vous sur les questions que je vais vous poser dans ce chapitre. Veillez sans cesse à garder une position du corps suffisamment détendue pendant les exercices. Vous obtiendrez ainsi des résultats plus cohérents (*je vous expliquerai aux pages 76 et 77 combien il est important d'éviter le piège du stress*).

Je vous invite à réaliser l'exercice de détente suivant. Il diminue le niveau de stress, favorise le calme et la concentration intérieurs, et constitue donc une excellente entrée en matière.

Exercice de mise en condition : lâchez tous les poids

Mettez-vous debout, en position assise ou en position allongée – l'essentiel étant de trouver la position la plus confortable pour vous. Posez légèrement vos mains sur votre ventre. Inspirez lentement et profondément par le nez, puis expirez par la bouche. Répétez deux fois l'ensemble. Sentez comme votre paroi abdominale se soulève à chaque inspiration et s'abaisse ensuite. À chaque expiration, vous vous débarrassez de tout le stress de la journée et jetez du lest en vous disant à vous-même : « Je me détends ».

Représentez-vous la plus petite tension, le plus petit tracas, le plus petit poids sur vos épaules tomber à chaque respiration. Ah ! quel soulagement...

Souriez à la fin de l'exercice.

À présent, répondez aux questions suivantes :

Quels sont vos trois livres préférés ? Notez les titres qui vous viennent assez vite à l'esprit.

Mes livres préférés sont :

1 ____________________

2 ____________________

3 ____________________

Une fois votre première liste établie, demandez-vous pourquoi ces livres sont vos préférés. Véhiculent-ils une atmosphère particulière ? Les personnages vivent-ils des aventures que vous trouvez palpitantes ? Ces livres abordent-ils des notions, des idées ou des thèmes particuliers ? Y est-il question d'une sagesse de vie ? Parlent-ils d'amour ? S'agit-il d'ouvrages de non-fiction ou de romans ? Décrivez ce qui, dans ces livres, vous enthousiasme, vous passionne ou vous fascine.

Ce livre me plaît tout particulièrement parce que…

1 ____________________

2 ____________________

3 ______________________________

____

____

____

____

____

Parfait. Lorsque vous avez fini, passez à la question suivante :

Quels sont vos trois films préférés ou vos trois pièces de théâtre favorites ? Notez les titres qui vous viennent rapidement à l'esprit.

Mes trois films ou pièces de théâtre préféré(e)s sont :
1 ______________________________
2 ______________________________
3 ______________________________

Comme précédemment, demandez-vous pourquoi ils(elles) vous plaisent autant. Renferment-ils(elles) un message qui vous interpelle tout particulièrement ? Vous inspirent-ils(elles) ? Stimulent-ils(elles) votre propre imagination ? Sont-ils(elles) bien fait(e)s sur le plan technique ? Ont-ils(elles) de la valeur d'un point de vue artistique ? Le lieu où l'action se déroule vous plaît-il ? Là encore, laissez venir vos pensées sans réfléchir trop longtemps.

Ce film/cette pièce de théâtre me plaît tout particulièrement parce que…

1 ____

____

____

____

____

____

2 ____

____

____

____

____

____

3 ____

____

____

____

____

Une fois que vous avez terminé, passez au dernier volet de l'exercice : une première évaluation de vos résultats. Relisez tranquillement ce que vous avez écrit, pourquoi ces livres, ces films ou ces pièces de théâtre vous plaisent autant, et essayez de dégager des grands thèmes dans vos réponses. Remarquez-vous des répétitions dans vos descriptions ? Identifiez-vous des points communs ? Des similitudes ? Notez ce que vous observez dans la liste ci-après.

Liste des thèmes

Formidable ! Avec cet exercice, vous venez de faire vos tout premiers pas sur le chemin de votre ikigai. Dans les chapitres suivants, vous allez continuer à travailler sur vous et obtenir de nombreuses autres indications vous permettant d'avancer plus loin sur votre voie personnelle.

LA GRATITUDE, SOURCE D'UN BONHEUR DURABLE

« Ce ne sont pas les gens heureux qui sont reconnaissants, ce sont les gens reconnaissants qui sont heureux. »
Francis Bacon

Dans notre monde agité et individualiste, la gratitude a tendance à tomber dans l'oubli. Pourtant, des études scientifiques récentes montrent combien elle est importante pour notre bien-être. Les personnes pour lesquelles la reconnaissance n'est pas seulement un sentiment fugitif, mais une attitude consciente, sont plus satisfaites de leur existence, se sentent moins souvent stressées, disent plus facilement « oui » à la vie, se montrent plus optimistes et sont donc plus rarement déprimées. En outre, elles sont plus serviables, entretiennent des relations sociales plus gratifiantes et gèrent mieux les problèmes, en général. Bref, elles se portent mieux physiquement et psychiquement, et mènent une vie globalement plus épanouie que les personnes qui ne manifestent que rarement leur gratitude.

La gratitude est un sentiment peu spectaculaire et certainement plus silencieux que le sentiment amoureux, souvent emphatique, ou que les sentiments de bonheur intense, souvent éphémères. Elle favorise notre intériorité et, en même temps, nous met en contact direct avec le monde qui nous entoure. De plus, elle nous apporte un sentiment de sécurité et de confiance. Lorsque nous éprouvons de la gratitude, nous ne nous sentons ni seuls ni isolés, car ce sentiment n'est jamais tourné exclusivement vers notre petit moi. Il s'adresse toujours au monde extérieur – nous manifestons de la reconnaissance à l'égard de quelque chose ou de quelqu'un, et c'est justement ce qui rend la gratitude une source de satisfaction et de plénitude profondes. La personne qui se rappelle régulièrement les êtres ou les choses envers lesquels elle se sent reconnaissante s'ouvre à la vie et au sens de sa propre vie, créant ainsi les conditions d'une satisfaction réelle et durable.

TROIS BELLES CHOSES (1)

Les listes que je vous propose d'établir maintenant se fondent sur un exercice décrit par le psychologue américain Martin Seligman, spécialiste des recherches sur le bonheur, dans son livre *S'épanouir*. Il a été élaboré avec succès dans le cadre d'un vaste projet destiné aux grandes écoles américaines et visant à encourager la résilience, l'optimisme et la découverte du sens de la vie chez les étudiants.

Lorsque nous prenons conscience des belles choses de notre vie et ressentons de la gratitude, ce sentiment renforce notre satisfaction intérieure et nous aide à trouver notre ikigai. Nous répéterons plusieurs fois cet exercice au cours du programme, mais vous constaterez très rapidement ses effets positifs sur votre vie.

Notez par écrit trois belles choses que vous avez vécues dans la journée. Il peut s'agir de petits événements soi-disant insignifiants du quotidien (exemple : je faisais la queue au supermarché et une dame avec un caddie bien rempli m'a laissé passer devant elle parce que je n'avais que quelques articles) ou de quelque chose qui signifie beaucoup pour vous (j'ai réussi un examen ; mon patron m'a fait des compliments ; mon fils/ma fille a eu une place à l'université, etc.). Lorsque vous aurez noté vos trois belles choses de la journée, demandez-vous comment vous avez fait pour obtenir ces résultats positifs – si tant est que vous puissiez vous l'expliquer, bien sûr. (Ainsi, vous avez travaillé dur pour vous préparer à cet examen, ce qui explique votre succès ; ou vous avez réalisé un projet avec brio, d'où les félicitations de votre supérieur.) Puis, demandez-vous pourquoi cela est si important pour vous et comment vous pourriez vivre d'autres expériences aussi positives à l'avenir.

Aujourd'hui, j'ai vécu ces trois belles choses :

1 ______________________________

2 ______________________________

3 ______________________________

Qu'ai-je fait pour cela ? Qu'est-ce que cela signifie pour moi ? Pourquoi est-ce aussi important ? Comment puis-je vivre d'autres expériences positives de ce type à l'avenir ?

1 ______________________________

____

____

____

2 ______________________________

____

____

____

3 ______________________________

____

____

____

Parfait. Nous allons nous arrêter là pour aujourd'hui. Refermez le livre et demain, vous aborderez les prochains exercices avec un esprit neuf et reposé.

POUR AVANCER DANS LA BONNE DIRECTION

Les questions suivantes peuvent vous faire franchir un cap important dans la recherche de votre ikigai. Elles sont comme des poteaux indicateurs qui vont vous montrer une direction cohérente. Dès que vous êtes prêt, allons-y !

Installez-vous confortablement, pratiquez l'exercice respiratoire de la page 48 ou relâchez simplement vos épaules et concentrez-vous sur les questions ci-dessous.

Quelles étaient vos occupations favorites lorsque vous étiez enfant ? Pourquoi ? Qu'est-ce qui vous plaisait dans ces jeux ou ces passe-temps ? Notez-en au moins trois.

Mes occupations favorites lorsque j'étais enfant étaient :

Ce qui me plaisait dans ces activités, c'était…

Très bien. Vous vous trouvez en plein processus créatif. Vos souvenirs ont probablement déjà suscité un grand nombre d'images dans votre tête. Profitez de ce moment privilégié pour répondre aux questions suivantes :

Quelles étaient vos occupations favorites dans votre adolescence ? Notez tout ce qui vous vient à l'esprit. Que ce soit les expériences de chimie, les jeux de construction, le skateboard ou les jeux sur ordinateur des après-midi entiers, inscrivez toutes les activités extrascolaires que vous adoriez, tout seul ou avec vos copains/copines. Écrivez même les occupations qui vous paraissent peut-être très banales comme écouter de la musique, danser, contempler la surface d'un lac pendant des heures ou voir des formes – humaines ou animales – dans les nuages du ciel.

Mes occupations favorites lorsque j'étais adolescent(e) étaient :

Là encore, justifiez pourquoi ces activités vous plaisaient tout particulièrement.

Ce qui me plaisait dans ces activités, c'était…

Et quelles étaient vos occupations favorites lorsque vous étiez jeune adulte ? À l'époque où vous avez quitté le nid familial, commencé à prendre votre vie en main, entrepris de plus en plus de choses sur votre propre initiative et êtes parti à la découverte du monde ? Notez-en au moins trois.

Mes occupations favorites lorsque j'étais jeune adulte étaient :

Ce qui me plaisait dans ces activités, c'était…

Très bien. Après ce flot d'images et de souvenirs, passons à l'étape suivante qui sollicite votre esprit analytique. Parcourez vos réponses aux questions précédentes et relisez notamment ce qui vous plaisait dans chacune de vos occupations préférées. Identifiez les points communs. Qu'est-ce qui vous saute aux yeux ? Qu'est-ce qui vous semble significatif ? Qu'est-ce qui vous « parle » dans ce que vous avez écrit ? Soulignez d'une autre couleur des mots-clés ou des messages phares. Une fois que vous avez fini, passez à la dernière étape de l'exercice.

Observez les mots-clés ou les messages phares que vous venez de souligner et réfléchissez à ce qu'ils peuvent vous apprendre sur vous. Essayez d'en déduire des aspects importants vous concernant. Pour illustrer le processus, je vais vous prendre un exemple tiré de mes réponses personnelles :

Lorsque j'étais petite, grimper aux arbres faisait partie de mes occupations favorites. Pourquoi cette activité me plaisait-elle autant ? Parce que :

Je me sentais libre et indépendante, fortement reliée à l'arbre et à toute la forêt. J'aimais cette sensation d'être au-dessus des choses, d'observer le monde d'en haut et de rester plongée dans mes pensées. De plus, j'étais contente d'avoir surmonté mes peurs et de sentir ma force physique lorsque je grimpais.

J'ai souligné d'une autre couleur les mots-clés dans ce que j'avais écrit – toutes ces choses qui résonnent encore si fortement pour moi aujourd'hui :

Je me sentais libre et indépendante, fortement reliée à l'arbre et à toute la forêt. J'aimais cette sensation d'être au-dessus des choses, d'observer le monde d'en haut et de rester plongée dans mes pensées. De plus, j'étais contente d'avoir surmonté mes peurs et de sentir ma force physique lorsque je grimpais.

Et puis j'ai réfléchi à ce que ces mots-clés pouvaient dire de moi, aux messages essentiels qu'ils renfermaient, et j'ai noté dans ma liste de thèmes ce qui me venait à l'esprit :

Sentiment de liberté, goût de l'aventure, lien à la nature, recherche de nouveaux points de vue, goût de la réflexion, dépassement de mes limites, efficacité personnelle, valorisation personnelle, activité physique.

Voilà tous les aspects de moi-même que j'ai pu déduire d'une seule occupation qui me plaisait quand j'étais enfant ! Et ils sont encore très présents dans ma vie actuelle. Je suis toujours stupéfaite de constater la pertinence incroyable des connaissances sur nous-mêmes que nous pouvons obtenir avec des exercices aussi simples. C'est comme si nous donnions vie à un monde en nous plein de couleurs, riche de promesses et de possibilités multiples, et en même temps d'une grande clarté. Un monde qui, dans sa richesse et son abondance, est souvent hors de notre portée au quotidien, les innombrables exigences extérieures, les devoirs et contraintes de toutes sortes, le stress et l'agitation ambiante, bref notre « état d'occupation » permanent nous en barrant l'accès.

À vous de jouer maintenant ! Prenez suffisamment de temps pour réaliser cet exercice, mais ne vous inquiétez surtout pas si vous ne pouvez pas déduire autant d'aspects de vous-même d'une seule de vos occupations favorites. Les messages que vous pouvez tirer des mots-clés soulignés ne sont pas forcément nombreux, et il peut même n'y en avoir qu'un seul. L'essentiel est que vous puissiez exprimer *pourquoi* telle ou telle activité vous plaisait autant.

Parcourez les mots-clés que vous avez soulignés et réfléchissez à ce qu'ils peuvent vous révéler sur vous-même. Essayez d'identifier leurs principaux messages et notez le fruit de vos réflexions dans la liste de thèmes ci-dessous.

Liste des thèmes

Dès que vous avez fini, et si vous en ressentez le besoin, faites une pause et refermez provisoirement ce livre. Sinon, poursuivez votre voyage. Le seul conseil que je puisse vous donner est de veiller à réaliser les exercices uniquement si vous vous sentez disponible intérieurement, l'esprit en éveil et capable de vous concentrer.

L'INTELLIGENCE DU CŒUR

« Demeure au centre de ton être, car plus tu le quittes et moins tu apprends. Cherche dans ton cœur – la manière de faire est d'être. »
Lao Tseu

Nous écoutons la voix de notre cœur pour les choses que nous aimons vraiment faire. Les expressions telles que *tenir à cœur*, *avoir du cœur à l'ouvrage*, *à cœur joie*, *de tout son cœur*, etc. parlent d'elles-mêmes. Notre cœur peut nous aider à prendre des décisions en nous montrant le chemin à suivre, nous permettre de voir les choses plus clairement, nous donner une certitude intérieure et de la détermination. En revanche, faire les choses à contrecœur nous enlève notre force et notre énergie ; nous nous révoltons contre notre décision et nous sentons déchirés intérieurement. La tâche nous coûte, même si la raison essaie de nous fournir des arguments convaincants. Lorsque nos décisions ne sont pas en accord avec notre cœur, lorsque la tête n'est pas reliée au cœur, nous avons beaucoup de peine à maintenir le cap. Et dans ce genre de situation, comment voir le sens de nos actions ?

C'est avec notre cœur que nous pouvons être le plus proche de nos semblables – celles et ceux qui, dans leur vie, ont aimé ou éprouvé de la compassion le savent bien. En même temps, l'accès à notre propre cœur est aussi cette porte qui ouvre sur notre sagesse intérieure et donc sur nous-mêmes. L'auteur et cinéaste hollandais Baptist de Pape écrit dans son livre *L'infinie puissance du cœur* quelque chose de très pertinent à cet égard :

« Notre cœur nous transmet un sens dans notre vie et, à vrai dire, le sens de notre vie. Il nous relie à une source de savoir plus profonde à laquelle nous ne pouvons pas avoir accès par la raison. »

Lorsque vous réalisez les exercices proposés et conçus pour vous accompagner dans la recherche de votre ikigai, vous utilisez autant votre cœur et votre intuition que votre raison ou vos capacités analytiques. À chaque fois que je vous invite à relire ce que vous venez d'écrire et à identifier certains messages-clés qui ont encore de l'importance pour vous aujourd'hui, c'est-à-dire qui font encore résonance à l'intérieur de vous, je vous demande de vous mettre en relation avec votre cœur et de vous ouvrir pleinement à vous-même, en toute conscience. Il est alors important de vous poser une ou plusieurs des questions suivantes :

- Est-ce que tout cela est en cohérence avec le fond de mon cœur ?
- Est-ce que je peux acquiescer pleinement, du fond du cœur, à ce que je viens d'écrire ?
- Est-ce que mon cœur dit oui à tout cela ?

Ces questions permettent de vérifier l'authenticité de vos réponses, de savoir si elles sont vraiment en harmonie avec la voix de votre cœur et de votre âme, en accord parfait avec votre être unique, c'est-à-dire avec tout ce qui vous caractérise personnellement. Essayez donc d'aller en vous-même et de répondre le plus sincèrement possible à ces trois questions.

Dans notre vie quotidienne, nous courons trop souvent le danger de « prendre » pour nous les opinions, les projections et les désirs des autres alors qu'ils ne nous appartiennent pas. Nous avons tendance à les intérioriser tellement que nous ne nous apercevons même pas que nous nous laissons inconsciemment influencer par les valeurs et les représentations d'autres personnes et que nous prenons des chemins qui ne nous correspondent pas.

Bien sûr, il n'y a rien de mal à apprendre des autres et à s'inspirer de telle ou telle personne. Cela peut influencer positivement notre évolution personnelle, nous ouvrir de nouvelles voies, nous apporter de nouvelles connaissances. Mais si nous nous laissons trop détourner de notre propre chemin, si les opinions des autres et leurs conseils bien intentionnés nous empêchent d'accéder à notre cœur et à notre ikigai, nous risquons de perdre notre équilibre et de mener une vie qui ne correspond pas à nos désirs profonds et à nos objectifs personnels.

Dans ce livre, vous avez la possibilité de vous concentrer sur ce que vous dit votre cœur à propos de votre ikigai personnel. Si vous écoutez sa voix et vous posez une ou plusieurs des trois questions ci-dessus, vous pouvez vérifier l'authenticité de ce que vous écrivez dans le cadre des exercices proposés. Dans la plupart des cas, vous allez parfaitement sentir si vos réponses font écho à ce que vous êtes au plus profond de vous. Si vous avez un doute sur l'authenticité de vos réponses ou ne savez pas très bien quoi répondre, mettez simplement un point d'interrogation devant les questions. Vous y répondrez à un autre moment. Mais c'est en interrogeant régulièrement votre cœur que vous aurez de plus en plus de facilité à être en contact avec vous-même. Avec la pratique, vous reconnaîtrez de plus en plus vite les choses qui, dans votre vie, correspondent à votre ikigai, et celles qui n'ont rien à voir avec lui.

LA PASSERELLE DE LUMIÈRE

« Il est impossible d'être sur terre et de laisser l'éveil sur le bord du chemin. Tout ce qui se passe en toi et autour de toi appelle ton cœur à s'éveiller. »
John O'Donohue

L'exercice suivant va vous permettre de vous relier plus fortement à votre cœur et de mettre à profit l'intelligence du cœur.

Trouvez un lieu calme où vous ne serez pas dérangé(e). Asseyez-vous ou allongez-vous confortablement et décontractez vos épaules. Puis, réfléchissez aux aspects des exercices de ce livre que vous souhaiteriez clarifier. Choisissez-en trois maximum pour éviter d'encombrer votre esprit pendant la méditation que vous allez pratiquer. Lorsque votre choix est fait, fermez les yeux et respirez lentement et profondément. Sentez-vous inspirer et expirer régulièrement, tranquillement. Et laissez votre esprit s'apaiser peu à peu.

À présent, dirigez votre attention vers votre cœur. Imaginez qu'il commence à briller, comme s'il diffusait une lumière chaude, comme s'il devenait un soleil rayonnant à l'intérieur de vous. Sentez la force incroyable de sa lumière. Imaginez que vous êtes devant votre cœur, que vous le regardez. Visualisez une passerelle de lumière dorée vous conduisant vers lui. Empruntez cette passerelle pour marcher jusqu'à votre cœur. Lorsque vous êtes juste devant lui, devant ce soleil rayonnant, pensez au premier aspect des exercices que vous souhaitez clarifier et adressez-lui votre question avec amour : « Est-ce que c'est cohérent pour toi ?

Est-ce que tu peux exprimer un oui franc et massif ? » Continuez d'inspirer et d'expirer tranquillement et ouvrez-vous totalement pour entendre la réponse de votre cœur. Dès que vous avez reçu sa réponse, vous pouvez vous concentrer sur le deuxième aspect à clarifier.

Terminez l'exercice en portant de nouveau votre attention sur votre souffle ; inspirez et expirez calmement, trois fois en tout. Finissez par un sourire et sentez-vous enveloppé, en sécurité totale dans la sagesse infinie de votre cœur immense et rayonnant.

Cet exercice se pratique avec des variantes et s'applique à toutes les questions possibles que vous vous posez sur votre vie. Lorsque vous n'êtes pas sûr du bien-fondé de tel ou tel aspect de votre existence – par exemple, si vous avez laissé une décision en suspens – ou si vous avez le sentiment de ne pas vivre VOTRE vie, de passer à côté de votre propre voie ou de ne pas être en accord avec vous-même, vous pouvez pratiquer cette méditation pour vous mettre en contact avec votre cœur et l'interroger. Dès que vous ouvrez la porte intérieure qui donne sur votre cœur, vous utilisez votre savoir émotionnel profond et accédez ainsi à une plus grande clarté. Une fois que vous avez expérimenté cette démarche intérieure, rien ne vous empêche de solliciter aussi votre esprit rationnel pour trouver des réponses à vos questions – l'idéal étant de trouver une harmonie entre le cœur et la raison.

ÉCOUTEZ VOTRE VOIX INTÉRIEURE

Nous devrions donc écouter résolument notre cœur au lieu d'ignorer ses messages comme c'est le cas quand nous nous laissons distraire de tous côtés ou « bouffer » par de multiples occupations accessoires. Il est indéniable que nous nous laissons accaparer par bien des choses qui, certes, nous occupent, mais qui, au fond, ne sont pas vraiment importantes et ne nous apportent aucun plaisir véritable, aucune satisfaction profonde. C'est pourtant comme cela que, peu à peu, nous nous éloignons de nous-mêmes et stagnons sur notre chemin personnel. Si vous avez du mal à entendre la voix de votre cœur, ne vous inquiétez pas ; c'est en pratiquant régulièrement que, tôt ou tard, vous trouverez cette connexion si précieuse avec lui. La poétesse américaine Maya Angelou l'a très bien exprimé :

« Imagine que tu entends ton cœur, que tu l'écoutes vraiment. Au départ, il te semble peut-être un peu ridicule, mais il a besoin de toi. Il te dit : “Viens, je vais te montrer ce que tu dois faire”. »

Maya Angelou souligne combien il est important de ne pas tomber aveuglément dans l'activité à tout prix, mais de se laisser du temps. Autrement dit, elle recommande de ne rien faire lorsque le « quoi faire » n'est pas clair. « Reste assis là, tout simplement. Et peut-être que tu entendras soudain ton cœur. »

QU'EST-CE QUI ÉVEILLE VOTRE CURIOSITÉ ?

Dans les exercices suivants, je vous invite à réfléchir sur ce qui attise votre curiosité et éveille votre esprit de découverte. Contrairement aux exercices précédents, il s'agit ici de vous exprimer sur les choses qui vous intéressent ou vous passionnent actuellement. Un livre peut vous avoir fasciné dans une période antérieure de votre vie, mais plus maintenant. Il peut aussi le faire encore. Dans ce cas, vous allez pouvoir identifier des points communs entre vos réponses aux exercices précédents concernant vos livres ou films préférés et ce que vous répondez ici. Certains aspects, idées ou domaines qui vous intéressent aujourd'hui figuraient déjà dans vos livres ou films favoris. Mais il existe probablement encore bien d'autres choses susceptibles d'élargir l'éventail de vos centres d'intérêt personnels. Et ce sont justement ces autres aspects de vous-même que nous allons essayer de mettre en lumière ici.

Installez-vous confortablement, décontractez vos épaules et, si vous en ressentez le besoin, pratiquez le petit exercice respiratoire de la page 48. Essayez de vous délester de toutes les tensions de la journée et de vous apaiser intérieurement pour vous concentrer. Puis, dès que vous vous sentez prêt, démarrez l'exercice en écrivant tout ce qui vous vient à l'esprit.

Je m'intéresse énormément aux livres, aux documentaires et aux films qui traitent des sujets tels que :

J'aime aller à des conférences/des expositions/des événements qui abordent des sujets comme :

Lorsque je tombe sur un journal ou sur un magazine – chez des amis ou dans la salle d'attente du médecin, par exemple –, je l'ouvre et je le feuillette avec plaisir s'il aborde des sujets tels que :

Ce qui éveille généralement ma curiosité, c'est/ce sont :

Avec mes amis, des connaissances ou les gens que je rencontre, j'aime parler des nuits entières de :

Ce qui m'enthousiasme/me passionne/me fascine, c'est/ce sont :

Ce qui me motive, c'est/ce sont :

Parfait. Maintenant que vous avez noté par écrit toute une série d'idées, passez à l'étape suivante. Soulignez les principaux mots-clés d'une autre couleur et réfléchissez aux messages sous-jacents qu'ils traduisent sur certains aspects de vous-même, comme dans l'exercice de la page 61. Puis, essayez de résumer ces messages significatifs avec un maximum de précision en les notant dans la liste ci-contre.

Liste des thèmes

NE VOUS LAISSEZ PAS PIÉGER PAR LE STRESS

Le stress négatif et la pression sont les principaux « tueurs » de la créativité. Lorsque nous nous laissons dominer par eux, nous ne sommes plus nous-mêmes. Nos pensées commencent à tourner de plus en plus vite dans notre tête parce que nous tentons de trouver une solution à tout en même temps. Notre corps est tendu des pieds à la tête et en état d'alerte. Dans de telles conditions, nous ne sommes plus capables de faire un retour sur nous-mêmes et de puiser en nous librement.

Malheureusement, nous n'avons pas toujours conscience de nous trouver en état de stress. Pour beaucoup d'entre nous, cet état est devenu si normal, voire si omniprésent, que nous ne le remarquons même pas. Pourtant, notre corps nous envoie des signaux clairs que nous pourrions percevoir si seulement nous les écoutions.

N'oubliez jamais de prêter attention à ce que vous éprouvez dans votre corps quand vous vous concentrez sur les exercices proposés. La prise en compte de vos sensations corporelles est particulièrement importante quand vous faites du *brainstorming*, quand vous rassemblez vos pensées et vos souvenirs, quand vous vous tournez vers le passé ou quand vous laissez libre cours à votre imagination. Votre respiration est-elle régulière et profonde ? Votre cou et vos épaules sont-ils relâchés ? Votre abdomen est-il détendu ? Sentez-vous votre région cardiaque légère et dégagée ? Vos oreilles sont-elles silencieuses ou percevez-vous une légère pression ou des bruits parasites inhabituels à l'intérieur ? « Tendez l'oreille » aux signaux de votre corps. Si vous constatez une tension intérieure, offrez-vous un petit exercice de détente avant de poursuivre le programme d'exploration de votre ikigai. Pratiquez l'exercice qui consiste à lâcher, à vous délester de ce qui vous pèse (*voir page 48*), ou la méditation de la passerelle de lumière (*voir page 68*). Cette dernière favorise la relaxation même si vous n'adressez aucune question concrète à votre cœur. Dans ce cas, modifiez légèrement l'exercice. Imaginez que vous traversez la passerelle de lumière jusqu'à votre cœur et que vous jouissez simplement de sentir votre présence dans sa proximité bienfaisante. Cette préparation vous ramène au centre de vous-même et vous ouvre à votre potentiel créatif, ainsi qu'à la sagesse profonde qui demeure en vous.

En répondant aux questions posées, gardez-vous de tomber dans le piège du stress. Vous obtiendrez des résultats moins authentiques si vous vous mettez la pression et si vous vous sentez stressé. Descendez à l'intérieur de vous jusqu'à vous sentir rassemblé en vous-même, unifié dans tout votre être, et débarrassez-vous des injonctions du style « il faut que » ou « je dois ». Vous pourrez alors entamer les exercices l'esprit plus libre et avec une certaine décontraction, ce qui est le meilleur moyen d'obtenir des réponses significatives et de vous rapprocher de votre objectif.

SUR LES TRACES DE VOS RÊVES

Dans notre quotidien rempli d'exigences à satisfaire et de tâches à accomplir, nous avons tendance à oublier ou à refouler nos aspirations et nos rêves les plus profonds. Ou à nous consoler en remettant à plus tard, à bien plus tard, toutes les choses que nous n'avons pas le temps de faire pour le moment. Pourtant, nos rêves et nos désirs nous donnent de précieuses indications sur les souhaits et les demandes de notre cœur, ainsi que sur nos capacités et nos dons. Dans l'exercice suivant, vous êtes d'abord invité à vous souvenir des rêves que vous nourrissiez au cours des différentes périodes de votre vie. Dans un second temps, vous travaillerez sur la liste des rêves que vous aurez établie.

Partez sur la trace de vos rêves, tel un explorateur, et rassemblez-les tous, grands et petits. Abordez l'exercice un peu comme un jeu, dans un état de relâchement intérieur, sans chercher à juger ni à vérifier le contenu de vos rêves, sans vous demander s'ils sont réalistes ou complètement fous. Pour le moment, la question n'est pas là. Et réjouissez-vous, tel un chasseur de trésor, de chaque rêve que vous faites revivre en pensée.

Si vous avez des difficultés à vous rappeler vos rêves à tel ou tel moment de votre vie, immergez-vous encore plus intensément dans cette époque. Qui étaient vos amis les plus proches ? Essayez de vous rappeler les sujets de discussion que vous abordiez avec eux – en promenade, en partageant un café, à l'occasion d'un voyage scolaire si c'était pendant votre jeunesse. Où aimiez-vous vous retrouver pour échanger ou sortir avec eux ? Quelle musique écoutiez-vous ? C'est souvent en faisant remonter ce genre de souvenirs que nous faisons ressurgir aussi certains sentiments, certaines émotions qui nous rapprochent de ce que nous pensions, de ce à quoi nous rêvions à l'époque. Si vos souvenirs sont trop flous ou s'il ne vous vient absolument aucune image à l'esprit, je vous conseille de rester détendu et de ne pas vous mettre la pression. Nous sommes tous différents et un exercice facile pour les uns peut être difficile pour les autres. C'est tout à fait normal. Si vous n'arrivez pas à démarrer un exercice, concentrez-vous tout simplement sur d'autres.

Apaisez votre esprit et relâchez vos épaules. Si vous êtes prêt, allons-y !

Lorsque j'étais enfant, je rêvais/j'ai rêvé de…

Lorsque j'étais adolescent(e), je rêvais/j'ai rêvé de…

Lorsque j'étais jeune adulte, je rêvais/j'ai rêvé de…

Et de quoi rêvez-vous aujourd'hui ? Si vous n'avez pas vraiment d'idée à ce sujet – ou si vous voulez tester une petite astuce pour le plaisir – essayez de vous représenter quelqu'un de célèbre, quelqu'un qui est un modèle pour vous et qui vous inspire. Quels rêves voudriez-vous réaliser si vous étiez cette personne et si vous possédiez toutes ses capacités, tous ses talents, toutes ses possibilités ? Essayez de vous imaginer tout cela de la façon la plus vivante, la plus précise et la plus concrète possible. Grâce à ce changement de point de vue, vous avez toutes les chances de voir surgir en vous des rêves insoupçonnés.

Actuellement, je rêve de…

Alors, comment s'est passée cette plongée dans le monde de vos rêves ? Avez-vous eu plus facilement accès à certaines périodes de votre vie qu'à d'autres ? Y a-t-il d'autres choses qui vous viennent à l'esprit là, maintenant ? Quels étaient ces rêves que vous nourrissiez à différents moments de votre vie ? Rêviez-vous de pratiquer telle ou telle discipline sportive ? D'exercer un métier original tel que spéléologue ou funambule ? De construire un village d'artistes ? De voyager aux îles Tonga ? Ou peut-être tout simplement de trouver l'âme sœur et de fonder une famille… ou bien encore de…

À présent, considérez la liste de vos rêves. Relisez tranquillement ce que vous venez d'écrire et rayez d'une autre couleur tous les désirs, souhaits ou aspirations qui sont devenus obsolètes ou qui n'ont plus aucun sens pour vous aujourd'hui. Peut-être avez-vous déjà accompli l'un de ces rêves, d'ailleurs. Mais conservez-le sur votre liste s'il continue de jouer un rôle dans votre vie ou de garder de l'importance à vos yeux. Car un rêve accompli représente peut-être quelque chose d'encore valable aujourd'hui.

Je vous propose deux exemples pour vous permettre de mieux comprendre de quoi il peut s'agir :

Premier exemple : supposons que l'expression artistique revêt une grande importance pour vous et que vous êtes naturellement devenu peintre ou musicien. Vous avez donc réalisé ce rêve. Si l'expression artistique continue d'être essentielle dans votre vie, vous devez conserver ce rêve sur votre liste.

Second exemple : supposons qu'il y a plusieurs années vous êtes parti en voilier sur la Méditerranée pendant deux mois, mû par un grand besoin de liberté et d'aventure. Vous avez réalisé ce rêve, mais aujourd'hui vous ne ressentez plus le besoin de partir à l'aventure parce que votre soif de liberté n'est plus aussi grande. Peut-être que votre famille est devenue la priorité et que des vacances familiales en Croatie avec des petites excursions en mer de temps en temps vous suffisent amplement. Vous pouvez alors rayer de votre liste le rêve « voyager sur un voilier pendant des mois ».

Si vous n'êtes pas sûr de pouvoir renoncer maintenant à l'un de vos rêves, faites l'expérience suivante : vérifiez si, rien qu'à la pensée de ce rêve, votre cœur ne bat pas plus vite. Vos sensations corporelles, et notamment vos battements cardiaques, sont le moyen le plus sûr de déterminer si certains de vos rêves pourraient être de véritables objectifs dans votre vie ou si des rêves déjà accomplis sont toujours aussi importants pour vous aujourd'hui.

Après avoir fait le tri dans vos rêves et en avoir rayé certains, relisez encore une fois ceux qui demeurent sur votre liste. Quels sont vos plus grands désirs ? Pour quoi vous engageriez-vous pleinement ou feriez-vous des sacrifices ? Quels rêves suscitent en vous les émotions positives les plus fortes ? Soulignez ces mots-clés d'une autre couleur pour qu'ils vous sautent aux yeux.

Travailler sur l'univers de nos rêves peut nous réclamer beaucoup d'énergie par l'intensité qu'elle implique. Alors, soyez à l'écoute de vous-même et, si vous avez besoin de faire une pause, n'hésitez pas. Refermez le livre et vaquez à d'autres occupations. Dès que vous sentirez votre esprit reposé, passez aux questions suivantes. Il s'agit ici d'envisager plus concrètement la réalisation de certains de vos rêves.

Quels rêves/objectifs aimeriez-vous accomplir cette année ?

Cette année, j'aimerais réaliser les rêves/objectifs suivants :

Justifiez pourquoi ces rêves/objectifs vous tiennent particulièrement à cœur.

J'aimerais accomplir ces rêves/objectifs parce que…

Que feriez-vous si vous saviez avec certitude que votre rêve se réalisera ou que votre projet réussira ? Avez-vous en tête des projets que vous rêvez d'accomplir, mais dans lesquels vous ne vous êtes jamais engagé par peur de l'échec ?

Je m'engagerais volontiers dans les projets suivants si j'étais sûr qu'ils réussissent :

Relisez d'un œil neuf les rêves qui demeurent sur votre liste et soulignez à nouveau les mots-clés d'une autre couleur.

Dès que vous avez terminé, parcourez une dernière fois l'ensemble de vos réponses. Que vous apprennent-elles sur vous-même ? Reconnaissez-vous des idées, des notions, des thèmes ou des domaines qui vous sont chers ? Y voyez-vous des messages-clés sur votre personnalité et vos aspirations ? Comme aux exercices des pages 63 et 75, dressez une liste des thèmes.

Liste des thèmes

Très bien. À ce stade, vous pouvez être fier de vous ! Vous avez déjà réalisé un bon nombre d'exercices et recueilli pas mal de données sur vous-même, de « matériel » à exploiter. Persévérez. Votre puzzle se construit peu à peu et vous vous rendrez compte, à la fin du programme, combien toutes ces connaissances rassemblées sur vous-même sont constructives et participent à la découverte de votre ikigai. Encore un peu de patience. Le jeu en vaut la chandelle…

OBJECTIFS ET MOTIVATION INTRINSÈQUES

Lorsque les objectifs d'un individu correspondent à ses besoins personnels, il se sent davantage motivé et satisfait de sa vie – et, surtout, son existence a du sens à ses yeux.

Comme le montrent les psychologues finlandais Jan-Erik Nurmi et Katariina Salmela-Aro, les personnes animées par des objectifs intrinsèques telle l'acceptation de soi-même ou habitées par le sentiment d'appartenir à la communauté humaine ressentent un bien-être plus profond que celles qui poursuivent des objectifs extérieurs tels que la réussite matérielle et financière ou la séduction à travers l'apparence physique. Une raison de plus pour nous demander si nous ne courons pas après des choses qui certes correspondent peut-être à certaines normes sociales, mais nous éloignent de nos propres objectifs intrinsèques.

À cet égard, il est aussi très intéressant de réfléchir au rôle que la motivation intrinsèque joue pour nous. Lorsque nous agissons de notre propre initiative, ne faisons-nous pas les choses avec davantage d'enthousiasme et de persévérance ? Et n'obtenons-nous pas de meilleurs résultats ? Selon Michael Pantalon, psychologue et chercheur à la faculté de médecine de Yale, aux États-Unis, les incitations ou les systèmes de récompense extérieurs ne font pas le poids. Une motivation extrinsèque peut même inciter les individus à en faire moins, comme le montre l'exemple suivant décrit par Michael Pantalon dans son livre *La méthode de l'influence immédiate* :

24 étudiants en psychologie ont été invités à réaliser une série de puzzles tridimensionnels (cubes SOMA) pendant

deux heures – et ce trois jours de suite. Les pièces du casse-tête étaient conçues de telle façon qu'elles pouvaient être assemblées de multiples manières. Cette activité plaisait tellement aux étudiants que beaucoup continuaient même à chercher des combinaisons pendant la pause qui leur était accordée au bout d'une heure.

Le deuxième jour, la moitié des étudiants ont reçu de l'argent à chaque nouvelle pièce assemblée dans un délai imparti. Toutefois, les chercheurs leur ont dit qu'ils ne seraient rétribués que pour quatre combinaisons maximum trouvées. Résultat : les étudiants de ce groupe ont passé beaucoup moins de temps sur leur casse-tête pendant la pause que le premier jour. Le troisième jour, les chercheurs ne leur ont plus proposé d'argent, mais leur motivation est restée inférieure à celle du premier jour. En revanche, les étudiants qui n'avaient jamais reçu d'argent ont continué à consacrer beaucoup de temps à cette activité passionnante pendant les pauses.

Cet exemple montre très bien comment l'attention portée à la simple joie du jeu s'est réorientée vers l'argent à gagner chez les étudiants qui étaient rémunérés pour leur travail. Trouver plus de quatre combinaisons ne leur paraissait plus aussi intéressant qu'auparavant – d'autant que ce n'était plus « payant » au sens propre du terme. Alors que les étudiants de l'autre groupe restaient motivés par l'activité elle-même – la recherche d'un maximum de combinaisons possibles leur procurait un plaisir et une satisfaction inouïs.

Naturellement, des incitations extérieures telles une rétribution financière de certaines activités sont parfaitement justifiées, mais les récompenses intrinsèques restent celles qui offrent la motivation et la satisfaction les plus fortes.

IMAGINEZ QUE...

Les exercices suivants sont destinés à stimuler votre imagination *via* l'écoute de votre cœur et de vos envies.

Imaginez que vous êtes dispensé de travail et d'obligations pendant une journée entière. Que commenceriez-vous ce jour-là ? Que feriez-vous de cette journée de liberté ? S'il vous plaît, évitez de la remplir de tâches déplaisantes et pensez uniquement à ce qui vous ferait le plus plaisir.

Si j'avais une journée entière à ma disposition, je...

Et que feriez-vous si vous aviez une semaine entière de libre ? Demandez-vous de quoi vous auriez vraiment envie, ce qui vous procurerait la plus grande joie, ce qui ferait battre votre cœur ou ce qui vous donnerait un sentiment d'accomplissement personnel.

Si, soudain, je disposais d'une semaine entière pour moi, je...

La question suivante est d'ordre financier. Si vous pouviez dépenser 500 euros comme bon vous semble (en étant tenu de le faire dans les trois jours qui viennent), à quoi consacreriez-vous cet argent et pourquoi ? Laissez libre cours à votre imagination et répondez spontanément. Seule condition : ne pas utiliser cette somme pour régler des factures ou rembourser des dettes.

Avec 500 euros, je..., parce que...

Et que feriez-vous avec un million d'euros ? Imaginez-vous avec bonheur avoir une telle somme à votre disposition. Mais, là encore, ne l'utilisez pas pour régler des factures ou éponger des dettes. Vous n'avez pas non plus le droit de la déposer à la banque ou de la placer dans des produits financiers. Imaginez simplement que vous avez un mois pour dépenser votre million. Notez par écrit toutes les idées qui vous viennent,

Avec 1 million d'euros, je..., parce que...

À présent, plongez à l'intérieur de vous-même et sondez votre cœur en toute conscience. Concentrez-vous pour lire la question suivante, fermez les yeux, puis inspirez et expirez tranquillement trois fois de suite avant de noter votre réponse par écrit.

Si demain le monde disparaissait, j'accomplirais aujourd'hui mon/mes rêve(s) de :

Après avoir écrit tout ce qui vous venait à l'esprit en répondant à ces cinq questions, soulignez les mots-clés d'une autre couleur. Puis, identifiez les thèmes communs : entourez les réponses qui se répètent, qui se rattachent à une même idée ou à un même domaine ou qui ont la plus grande importance pour vous.

Réfléchissez à ce que ces mots-clés ou phrases-clés peuvent dire de vous, aux messages qu'ils véhiculent sur vous, et formulez-le par écrit dans la liste ci-après avec un maximum de précision et de concision.

Liste des thèmes

TROIS BELLES CHOSES (2)

L'heure est venue de penser à nouveau aux belles choses que vous avez vécues aujourd'hui (*voir page 55*).

Aujourd'hui, j'ai vécu ces trois belles choses :

1 ____________________

2 ____________________

3 ____________________

Qu'ai-je fait pour cela ? Qu'est-ce que cela signifie pour moi ? Pourquoi est-ce aussi important ? Comment puis-je vivre d'autres expériences positives de ce type à l'avenir ?

1 ____________________

____

____

____

____

____

____

____

2 ____________________

____

____

____

____

____

____

____

3

Remarque. Si vous prenez l'habitude d'écrire régulièrement des listes de gratitude, au bout d'un moment votre point de vue sur le monde s'en trouvera changé – pour le meilleur, bien sûr. Je vous conseille d'utiliser à cet effet un joli cahier ou carnet où vous noterez – idéalement tous les jours – les belles choses qui vous arrivent dans votre vie.

À ce stade, vous pouvez vous accorder une pause ou refermer ce livre pour aujourd'hui.

TROUVEZ VOTRE PASSION – UN MYTHE ?

Les coachs nous répètent sans cesse combien il est important pour tout être humain de se trouver *une* grande passion dans la vie, SA passion, et d'orienter toute son existence vers elle : « Trouve ta passion, vis-la pleinement, et tu y trouveras ton bonheur et ton épanouissement. » Effectivement, c'est formidable de découvrir sa passion et de s'y consacrer. Et encore plus formidable de ne pas y consacrer seulement son temps libre, mais d'en faire aussi sa profession ! Au début de ce livre, j'ai pris l'exemple d'un pianiste de concert qui a fait de sa passion et de son talent son métier – et toute sa vie (*voir page 20*). Dans ces cas-là, la passion qui vous anime et vous porte est une évidence, une vocation. Elle vous donne force et énergie, vous motive et vous donne des ailes, vous permet d'accéder à la plus haute expression de vous-même et de donner le meilleur de vous-même. Alors oui, pouvoir vivre sa passion est sans nul doute un cadeau de la vie qui donne du sens à son existence.

Mais sommes-nous pour autant des *losers* si, dans notre société obnubilée par l'efficacité et la performance, par la recherche de l'optimisation de soi, nous ne parvenons pas à identifier notre plus grande passion ? Devons-nous nous considérer comme des ratés si notre profession n'est pas notre vocation ? Si nous n'allons pas travailler tous les jours avec un enthousiasme débordant ? Si nous ne nous levons pas le matin avec une énergie contagieuse et des projets ambitieux pour changer le monde ?

Clairement non. Bien sûr qu'il existe bon nombre de musiciens, de sportifs professionnels, de scientifiques et d'autres spécialistes qui se vouent corps et âme à une seule discipline et sont heureux ainsi. Mais il y a aussi des « généralistes », des individus que Barbara Sher, psychothérapeute et auteure de livres à succès, appelle des « scanners ». Ces personnes ont des centres d'intérêt divers et variés et sont souvent à la recherche de nouveaux domaines à explorer, de nouvelles sources d'inspiration, de nouvelles aventures à vivre. Elles ont du mal à s'engager dans une seule voie de peur de passer à côté d'autres choses passionnantes. Mais, en même temps, elles peuvent s'enthousiasmer à fond pour quelque chose et y trouver du sens. Entre ces deux pôles, les spécialistes et les scanners, on trouve la majorité des êtres humains. Ce sont des personnes qui ont un ou deux centres d'intérêt principaux et de nombreuses occupations secondaires. Par exemple, la scientifique qui travaille avec passion à la découverte d'un nouveau vaccin susceptible de protéger des populations entières d'une épidémie et qui occupe son temps libre à monter à cheval, à jouer au bridge et à collectionner des timbres. Ou le courtier d'assurances qui considère son métier comme un gagne-pain, mais passe tout son temps libre à suivre des cours de danse folklorique et à travailler bénévolement dans une organisation caritative.

Il est probable que vous savez déjà si vous êtes plutôt un spécialiste ou un généraliste, et toutes les listes que vous avez établies jusque-là dans le cadre du programme d'exercices de ce livre doivent le refléter. Si ce que vous avez noté tourne essentiellement autour d'une ou deux idées ou d'un petit nombre de domaines, vous êtes probablement un spécialiste. En revanche, vous avez tout du généraliste si vos réponses touchent à divers domaines ou à des idées nombreuses et variées. Dans ce cas, une foule de choses vous intéressent. Il n'y a aucun jugement de valeur dans cette constatation et on ne peut pas dire qu'un pôle soit meilleur qu'un autre. L'extrême diversité des réponses montre simplement le caractère différent et unique de la personnalité de chacun.

Tout le monde n'a donc pas une seule grande passion dans la vie qui l'anime, le motive et où il se réalise. C'est pourquoi il est inutile de se mettre la pression et de courir désespérément après ce mythe de la passion. Même sans avoir un grand objectif de vie, une passion susceptible de changer la face du monde, nous sommes tous capables d'identifier ce qui est porteur de sens et d'épanouissement pour nous, et souvent ce sont de simples petites choses de la vie. C'est ce qu'il y a de beau, de précieux et de réconfortant dans l'ikigai : le SENS peut surgir à n'importe quel moment de notre vie, et justement dans quelque chose d'insignifiant en apparence, une petite chose qui n'a l'air de rien mais qui veut dire beaucoup – une pensée, une devise ou une maxime, par exemple. Le sens est quelque chose d'éminemment personnel.

SENTIR LE FEU DE LA VIE EN VOUS

Dans cet exercice, il s'agit aussi bien d'identifier ce qui vous dynamise et vous donne le sentiment d'être particulièrement libre ou vivant que de vous rappeler les expériences les plus positives et les plus gratifiantes que vous avez vécues. Il peut vous venir à l'esprit des choses que vous avez déjà notées dans le cadre d'exercices précédents. Peut-être aviez-vous enfant un hobby auquel vous consacriez beaucoup de temps et qui vous procurait un formidable sentiment de liberté. Dans ce cas, ne le laissez pas de côté sous prétexte que vous l'avez déjà mentionné dans d'autres exercices. Ce n'est pas grave si vous vous répétez. Au contraire. Vous éclairez d'autant mieux ce qui joue un rôle essentiel dans votre vie.

Qu'est-ce qui vous donne de l'énergie ?

Ce qui me dynamise et me renforce intérieurement, c'est/ce sont :

Qu'est-ce qui, dans le passé, vous a donné le sentiment d'être particulièrement vivant(e) ?

Je me suis senti(e) particulièrement vivant(e) lorsque…

Dans quelles situations vous êtes-vous senti(e) particulièrement libre ?

Je me suis senti(e) particulièrement libre lorsque…

Qu'est-ce qui vous a procuré une satisfaction profonde ?

J'ai ressenti une satisfaction profonde lorsque…

Vous avez peut-être remarqué que ce programme d'exercices contient des questions ouvertes qui ne sont attachées à aucune situation particulière, à aucun souvenir ni à aucune période précise de votre vie. Les quatre questions précédentes appartenaient à cette catégorie. Il peut être très gratifiant de répondre à ce genre de questions qui posent un cadre moins étroit que celles figurant en tout début de livre. Mais tout dépend des personnes : certaines réfléchissent plus facilement lorsqu'on leur donne des instructions et un cadre précis, alors que d'autres préfèrent les associations libres. Testez ce qui vous convient le mieux. Plus vos réponses aux questions seront nombreuses, plus vous en apprendrez sur vous-même et plus vous développerez une vision claire de votre ikigai personnel à la fin de ce livre.

Pour terminer cet exercice, procédez comme d'habitude : soulignez des mots-clés, réfléchissez à ce qu'ils révèlent sur vous-même et notez les messages qu'ils véhiculent dans la liste de thèmes ci-contre.

Liste des thèmes

SOCRATE VOUS SALUE !

L'histoire suivante nous a été transmise par Socrate. Nous ignorons si les choses se sont réellement passées ainsi, mais cette histoire illustre parfaitement la force de certaines de nos aspirations.

Un jour, un jeune homme rendit visite au philosophe Socrate et lui demanda comment il pouvait devenir sage. Socrate l'invita à venir le rejoindre le lendemain au bord d'un cours d'eau, à un endroit où il lui montrerait comment atteindre son objectif. Comme convenu, les deux hommes se retrouvèrent le lendemain au bord de l'eau. Socrate entra dans l'eau et fit signe au jeune homme de le suivre. Ce dernier avança sans la moindre hésitation. Soudain, Socrate se retourna, agrippa le jeune homme et plongea sa tête sous l'eau. Le jeune homme se débattit violemment et tenta désespérément de se libérer. Mais Socrate était plus fort et continua à le maintenir sous l'eau. Il ne desserra pas son étreinte pendant un long moment. Puis il finit par libérer le jeune homme qui, suffocant à moitié, eut du mal à reprendre son souffle. Après s'être ressaisi, il demanda au philosophe pourquoi il lui avait maintenu la tête sous l'eau. Socrate lui répondit : « Lorsque ton aspiration à devenir sage sera aussi forte que ton besoin de respirer, tu trouveras la sagesse. »

Dans cette histoire, le jeune homme était en quête de sagesse. Mais la leçon peut s'appliquer à bien d'autres objectifs que nous désirons atteindre – par exemple, à l'aspiration au succès ou à la découverte de notre propre ikigai. Nous percevons à quel point le besoin du jeune homme de reprendre son souffle est urgent. Respirer, c'est notre besoin le plus vital. Si nous aspirons à des choses essentielles à nos yeux, notre motivation à les atteindre doit être énorme.

IDENTIFIEZ VOS FORCES ET VOS VALEURS

« Le privilège d'une vie est de savoir qui vous êtes. »
Joseph Campbell

Nous sommes arrivés à la dernière ligne droite de notre programme d'exercices. Il s'agit ici d'évaluer vos forces et vos valeurs – des aspects importants de votre ikigai.

Nos personnages préférés ou nos modèles en disent long sur nous, soit parce qu'ils représentent nos idéaux, soit parce que nous apprécions et admirons leurs qualités, leurs capacités ou leurs talents.

Peut-être repensez-vous à l'exercice de la page 49 et suivantes où vous deviez noter vos livres et vos films préférés et vous demandez-vous quelle est la différence. Je vais vous l'expliquer à l'aide d'un exemple :

Supposons que votre livre favori raconte une histoire d'amour. Pour nous captiver et nous permettre de nous identifier à eux, les personnages n'ont pas besoin d'être des modèles par leurs forces, leur humour ou leurs talents. Le pouvoir de l'amour peut être l'intérêt principal du film ou l'histoire peut être incroyablement bien racontée et très romantique ! En revanche, l'exercice suivant vous invite à écrire les qualités qui vous impressionnent chez les autres, qui vous semblent précieuses ou qui vous font rire. Vos réponses aux questions peuvent ressembler en partie à celles du début du livre, mais l'angle de vue étant différent, vos réponses vous révéleront d'autres aspects de vous-même.

Quels sont vos personnages de littérature, de film, de télévision ou de bande dessinée favoris ?

Mes personnages préférés sont :

Pourquoi aimez-vous tant ces personnages ? Quelles sont leurs qualités, leurs forces et leurs faiblesses ? Que font-ils ? Pourquoi leurs comportements ou leurs actions vous inspirent-ils ? Qu'appréciez-vous dans leur personnalité ? Que représentent-ils ou symbolisent-ils pour vous ?

J'apprécie particulièrement ces personnages parce que…

Quels sont vos modèles, qu'ils soient issus du monde de la politique, de la culture, des sciences ou d'autres domaines ? À quelles personnes aimeriez-vous ressembler, du moins en partie, et pourquoi ?

Mes modèles sont/J'aimerais bien être comme…, parce que…

À présent, observez ce que vous avez écrit. Voyez-vous des points communs, des qualités communes entre vos personnages préférés et vos modèles ? Certaines caractéristiques se rapportent-elles aussi à vous ? Soulignez ces éléments avec un crayon d'une autre couleur.

Puis répondez à la question suivante : Quelles sont les qualités que vous admirez le plus chez les autres ?

Ce que j'admire le plus chez les autres, c'est/ce sont :

Notez ici vos citations préférées.

Mes citations préférées :

Soulignez des mots-clés dans les citations qui sont les plus importantes pour vous.

Qu'est-ce qui a le plus d'importance et/ou de valeur pour vous dans la vie ?

Ce qui a le plus d'importance et/ou de valeur pour moi dans la vie, c'est/ce sont…

Selon vous, quelles sont vos forces et vos qualités premières ?

Mes forces et mes qualités premières sont :

Enfin, notez les qualités, les capacités ou les compétences que les autres ont mises en avant chez vous.

Les autres m'ont fait des compliments ou m'ont félicité(e) pour :

Les compliments ou les félicitations des personnes dont l'avis compte pour nous peuvent nous montrer l'effet que nous faisons sur les autres, mais aussi refléter nos tendances et nos points forts. Une fois que vous aurez terminé votre liste, observez-la et soulignez d'une autre couleur les qualités, capacités ou compétences les plus importantes à vos yeux et celles qui, d'après vous, vous caractérisent le mieux.

En vous demandant à quelles occasions/pourquoi vos amis sollicitent votre aide, vous pouvez obtenir un autre éclairage sur vos points forts.

Mes amis se tournent vers moi lorsqu'ils ont besoin d'aide dans les domaines suivants :

Si, en relisant les deux dernières listes, vous identifiez des qualités ou des forces que vous n'auriez pas encore remarquées auparavant, complétez votre liste (*Mes forces et mes qualités premières, page 108*).

Vous trouverez des exemples de qualités et de points forts dans les pages suivantes. Prenez un crayon d'une autre couleur et soulignez ou entourez ceux qui s'appliquent à vous. Puis, ajoutez-les à la liste de vos forces et qualités premières de la page 108 si vous ne les avez pas déjà mentionnés dans cette rubrique.

LA LISTE DE MES QUALITÉS ET DE MES FORCES

Je suis…/j'ai…

- Capable de m'enthousiasmer
- Persévérant(e)
- Authentique
- Sincère
- Capable de m'engager
- De bonnes capacités de communication
- Créatif(ve)
- Pragmatique
- Empathique
- Altruiste
- Loyal(e)
- Charismatique
- Résilient(e)
- Capable de travailler en équipe
- Précis(e)
- Plein(e) d'espoir
- Optimiste
- Plein(e) d'humour
- Curieux(se)
- Soif d'apprendre
- Ouvert(e) d'esprit
- Une grande capacité d'apprentissage
- Prudent(e)
- Sage
- Plein(e) de bon sens
- Habile
- De solides connaissances dans les domaines suivants :

  ____

  ____

  ____
- Courageux(se)
- Humain(e)
- Juste
- Diplomate
- Une bonne faculté de jugement
- Généreux(se
- De bonnes compétences sociales
- Reconnaissant(e)
- Orienté(e) vers un objectif
- Capable de m'imposer
- Relax
- Polyvalent(e)
- Convaincant(e)
- Sûr(e) de moi
- Ponctuel(le)

- Résistant(e)
- De bonnes capacités analytiques
- Du sang-froid
- Motivé(e)
- Sociable
- Spontané(e)
- Attentionné(e)
- Un bon sens de l'observation
- Une bonne écoute
- Plein(e) d'imagination
- Patient(e)
- Capable de voir clairement mes objectifs
- Le goût de l'aventure
- Équilibré(e)
- Capable d'aller au conflit
- Tolérant(e)
- Affectueux(se)
- Sympathique
- Éloquent(e)
- Doué(e) pour les langues
- Inventif(ve)
- Performant(e)
- Un esprit de décision
- Adaptable
- Dynamique
- Efficace
- Une grande sensibilité
- De l'intuition
- Responsable
- Un sens du leadership
- Une bonne capacité de concentration
- Une autorité naturelle
- Un bon sens de l'organisation
- Débrouillard(e)

Vous avez mérité une bonne pause avant de passer aux exercices suivants.

L'ART DE VOUS PROJETER DANS LE FUTUR – LE NEXTING

Lorsque nous nous représentons de belles choses, notre cerveau s'active. Avec l'art de nous projeter dans le futur, le « *nexting* », nous pouvons anticiper telle ou telle chose par la pensée, nous l'imaginer comme si elle était là pour en profiter déjà ici et maintenant. Et cet exercice est apte à donner du sens.

Notre esprit est formidable : il est capable de faire surgir devant nos yeux intérieurs les images des choses que nous désirons et que nous ressentons comme positives, agréables, bienfaisantes, réconfortantes, inspirantes, motivantes ou délassantes. Dès que nous visualisons quelque chose dans le futur, notre cerveau s'en trouve stimulé. Cette augmentation de l'activité cérébrale est perceptible grâce à la technique de l'imagerie par résonance magnétique. Lorsque nous imaginons quelque chose – de positif ou de négatif –, nous suscitons en nous des émotions – positives ou négatives. Nous pouvons donc largement décider quelles émotions nous souhaitons activer en nous à tel ou tel moment.

La personne qui nourrit constamment des pensées négatives et envisage l'avenir avec pessimisme s'installe inutilement dans une atmosphère néfaste et se prive d'une partie de son énergie. C'est un peu comme si elle se boycottait elle-même. Comme je l'ai déjà montré dans mon livre *Le petit optimiste de poche*, nous pouvons devenir le metteur en scène de nos pensées et décider par nous-mêmes du « programme » que nous voulons créer dans notre cerveau. Nos émotions et nos sentiments sont directement influencés par la pièce de théâtre ou le film que nous laissons se dérouler dans notre tête. Cela vaut généralement pour toutes les pensées et les images que nous laissons vivre en nous. En pratiquant l'art de nous projeter dans le futur, nous renforçons notre puissance imaginative et nous laissons tranquillement le temps de rassembler nos pensées dans le cadre d'un exercice pratique.

Nous pouvons donc utiliser l'art de l'anticipation pour nous détendre et égayer notre climat intérieur ou mieux maîtriser des situations difficiles. Comment ? En focalisant notre attention sur quelque chose de positif qui nous donne confiance, force et énergie au moment présent. Par exemple, nous pouvons nous représenter des semaines ou des mois à l'avance les vacances que nous avons prévu de prendre et laisser défiler devant nos yeux intérieurs des images intenses de la plage de nos rêves, de la mer bleu profond, de hamacs sous les palmiers et de couchers de soleil grandioses. Cela nous permet de nous réjouir d'avance… quelle délectation ! Nous pouvons aussi imaginer le moment où nous allons revoir quelqu'un que nous aimons et qui va rentrer de voyage dans quelques jours. En quelques secondes, nous avons la capacité de nous transporter mentalement sur le quai d'une gare, un bouquet de fleurs à la main, avec une impatience et une joie non dissimulées à la perspective de revoir l'être aimé. Le train entre en gare, puis s'arrête, les portes s'ouvrent, notre bien-aimé descend et vient vers nous, le visage rayonnant… Avec ces images heureuses qui défilent, notre cœur se met à battre plus fort et nous ressentons toute une série d'émotions positives.

Mais se projeter dans le futur ne suscite pas seulement certaines émotions. Cette technique mentale assez géniale nous aide aussi à réaliser des projets, des rêves ou des objectifs. Car c'est en orientant notre esprit vers tel ou tel projet à venir que de nouvelles images, de nouvelles idées, de nouvelles solutions à appliquer nous viennent. Simplement, il est important de nous réserver régulièrement quelques minutes pour visualiser notre projet et concentrer toute notre attention dessus. Nous avons ainsi toutes les chances de voir se réaliser nos attentes, de transformer nos idées en actes et de donner forme à notre avenir.

Essayez de prendre l'habitude de pratiquer cette technique régulièrement – plus vous l'intégrerez dans votre emploi du temps, moins elle vous semblera difficile. Et vous remarquerez rapidement son effet positif sur votre climat intérieur, ainsi que sa capacité à vous donner de nouvelles impulsions pour vos projets.

VOTRE FILM INTÉRIEUR

Trouvez un endroit calme où vous ne serez pas dérangé. Asseyez-vous ou allongez-vous confortablement, inspirez et expirez profondément plusieurs fois et commencez votre exercice de visualisation.

Représentez-vous de la façon la plus précise et détaillée possible une situation dans le futur où vous avez atteint votre objectif, réalisé votre rêve, mis en œuvre votre projet. Laissez cette situation se dérouler, comme un film, devant vos yeux fermés ou ouverts. Sentez-vous être l'auteur, et non le spectateur, de ce film : vous êtes satisfait, heureux, comblé, sympathique, dynamique, plein d'entrain... Visualisez la scène avec des couleurs et, si elle s'y prête, avec des bruits et des odeurs. Laissez-la prendre vie. Dites-vous que vous êtes le réalisateur de ce film. Vous pouvez faire tous les réglages que vous voulez – faire des gros plans, filmer en temps réel ou au ralenti. Si vous en avez envie, stoppez le film et faites un arrêt sur image aussi longtemps que vous le souhaitez. C'est vous qui avez le scénario en main et la totale liberté de créer ce que vous voulez qu'il se passe.

Prêtez attention à votre ressenti : qu'éprouvez-vous en vous voyant réaliser votre rêve ? De la joie ? Une satisfaction intérieure profonde ? De la sérénité ? Êtes-vous fier(ère) de vous ? Vous sentez peut-être une détente se propager dans votre corps ou un regain d'énergie, l'envie de faire des choses avec un nouvel élan. Et peut-être vous vient-il à l'esprit quelques idées sur la manière de vous y prendre pour réaliser votre rêve dans la vie réelle.

En vous projetant dans le futur par la visualisation, vous pouvez imaginer vos prochaines vacances – partirez-vous à l'aventure ou vous offrirez-vous un séjour bien-être et détente dans un hôtel spa ? Visualisez de beaux moments passés avec les gens que vous aimez, des projets qui vous tiennent à cœur. La seule condition : qu'il s'agisse de quelque chose que vous aimez faire et qui vous plonge dans un climat intérieur positif.

Pour terminer l'exercice, respirez à fond plusieurs fois et savourez l'effet positif de cette visualisation avant de retourner vaquer à vos occupations.

À présent, nous allons nous consacrer aux rêves et aux objectifs que vous avez déjà réalisés.

VOS MEILLEURES DÉCISIONS

Dans le cadre de cet exercice, dressez la liste des meilleures décisions que vous avez prises dans votre vie et expliquez brièvement pourquoi, à votre avis, c'étaient de bonnes décisions.

Parmi mes meilleures décisions, je peux citer…, parce que…

Les projets que vous avez déjà menés à bien, les rêves que vous avez réalisés montrent quels étaient vos objectifs dans le passé. Et vous tirez peut-être encore une grande fierté de ce que vous avez accompli. Vous vous rappelez certainement ce que vous avez fait avec une forte motivation et un grand enthousiasme, ce qui vous a paru facile ou, au contraire, ce qui vous a réclamé beaucoup d'efforts et d'engagement. Parmi toutes les choses que vous avez réalisées, lesquelles avaient vraiment du sens pour vous au moment où vous les avez accomplies ? Et maintenant, avec le recul, lesquelles vous semblent encore aussi riches de sens et aussi gratifiantes ? Lesquelles, à votre avis, reflètent vos qualités, vos forces et vos valeurs ? Prenez un crayon d'une autre couleur et notez tout cela par écrit en soulignant les mots-clés.

LE BAROMÈTRE DU BONHEUR

Cet exercice est une variante de l'exercice « Trois belles choses (1) et (2) » (*voir page 55 et page 93*).

Complétez les trois listes suivantes l'une après l'autre. Réfléchissez à toutes les choses, petites et grandes, qui vous mettent en joie et vous procurent du bonheur dans la vie.

Aujourd'hui, ce qui m'a donné de la joie et du bonheur, c'est/ce sont :

L'année dernière, ce qui m'a donné de la joie et du bonheur, c'est/ce sont :

Les personnes qui me donnent de la joie et du bonheur sont :

LES CERCLES MAGIQUES

Nous arrivons au dernier exercice important de ce livre. C'est à ce stade que vous allez pouvoir compiler toutes les données sur vous-même que vous avez recueillies jusque-là.

Si vous le souhaitez, vous pouvez pratiquer maintenant un petit exercice de détente pour vous mettre dans un climat intérieur favorable et vous recentrer, par exemple, celui de mise en condition de la page 48.

Comme je l'ai expliqué au chapitre *Le bonheur de trouver du sens à ce que l'on fait*, notre ikigai se compose principalement des quatre éléments suivants :

- des choses que nous aimons faire ;
- des choses que nous savons bien faire, c'est-à-dire de nos points forts ;
- des choses pour lesquelles nous sommes/pourrions être rémunéré(e)s ou pour lesquelles nous obtenons une contrepartie des autres ;
- des choses dont le monde a besoin.

À l'aide des exercices pratiques de ce livre, vous avez mis en lumière de nombreuses facettes de votre ikigai. Ici, vous allez pouvoir synthétiser ses différents aspects et les relier en partie.

Commencez par noter les points les plus pertinents des listes de thèmes que vous avez établies (*voir pages 52, 63, 75, 85, 92, 101 et 117*). Il ne s'agit pas seulement des choses que vous avez déjà essayées ou que vous faites régulièrement, mais aussi de celles que vous aimeriez aborder, qui vous enthousiasment et vous motivent – projets d'avenir et objectifs, par exemple.

Puis, relisez tous les chapitres dans lesquels se trouvent les listes de thèmes mentionnées ci-dessus et épluchez les autres listes à la recherche de mots-clés ou de messages phares qui n'apparaissent peut-être pas dans ces listes. Dans mon exemple personnel page 61, j'avais relevé « lien à la nature » et « efficacité personnelle » et ces aspects peuvent toujours figurer sur ma liste puisque je continue d'aimer grimper aux arbres.

Les mots-clés et les principaux messages de ces listes nous aident à identifier certains traits de notre personnalité, à mieux savoir ce qui nous fascine, nous motive, nous enthousiasme et nous épanouit.

Si vous êtes capable de répondre à la question suivante de manière spontanée et immédiate, sans relire vos listes, c'est encore mieux. Cela montre que vous savez clairement, à présent, ce qui fait battre plus vite votre cœur. Notez alors ce qui compte vraiment pour vous dans votre existence. Lorsque vous aurez fini, consultez quand même vos listes précédentes pour être sûr(e) de ne rien oublier d'important.

J'aime faire les choses/pratiquer les activités suivantes. Ce qui m'enthousiasme, c'est de :

Maintenant, penchez-vous sur vos points forts. D'abord, vous pouvez relire ce que vous avez écrit dans la liste de vos forces et de vos qualités premières (*voir page 108*), ainsi que dans la liste de vos meilleures décisions (*voir page 117*). Ensuite, vous pouvez prendre conscience d'autres points forts en considérant la liste ci-dessus – celle des choses que vous aimez faire. Car, en général, ce sont celles qui, non seulement nous enthousiasment et nous inspirent, mais aussi que nous maîtrisons assez bien ou pour lesquelles nous possédons certains dons. Elles correspondent à nos penchants personnels et peuvent devenir des forces à développer si nous y consacrons suffisamment de temps et d'attention. Alors, voyez si vous ne pouvez pas identifier des points forts potentiels ou inconnus de vous jusque-là, et inscrivez-les dans la liste ci-dessous.

Autres points forts liés aux choses que j'aime pratiquer :

Enfin, considérons le troisième grand aspect de l'ikigai : celui de la rétribution.

Établissez une liste de toutes les choses pour lesquelles vous êtes ou pourriez être rémunéré(e). Notez d'abord tout ce qui vous vient spontanément à l'esprit, puis reportez-vous à la liste des choses que vous aimez faire ou à la liste de vos forces et qualités premières. Dans tout cela, n'en voyez-vous pas certaines pour lesquelles vous pourriez obtenir une rémunération ou une contrepartie ? Les jobs ou professions que vous avez exercés jusque-là doivent figurer dans cette liste, mais aussi les activités pour lesquelles vous avez du potentiel, même si pour l'instant vous ne possédez pas encore toutes les compétences ou aptitudes nécessaires.

Par exemple, si vous aimez ramasser des plantes sauvages avec lesquelles vous préparez toutes sortes de mets délicieux, vous pourriez organiser des balades dans la nature et des cours de cuisine. Si vous adorez skier et possédez un talent réel dans ce sport, vous pourriez envisager de devenir moniteur de ski. Si vous travaillez bénévolement pour une organisation de protection de l'environnement, vous pourriez peut-être y postuler à un emploi à temps partiel ou à temps plein.

Surtout, ne vous autocensurez pas. Ne pensez pas à tous les gens qui peuvent s'y connaître davantage que vous. Bien sûr que certains possèdent des connaissances plus étendues, une expérience plus grande ou des compétences plus spécialisées que vous dans un domaine et sont capables de remplir certaines tâches plus facilement que vous. Il y en a toujours et il y en aura toujours. Mais là n'est pas la question. Ce qui compte, c'est votre motivation, votre passion, votre enthousiasme pour cette activité. Ce qui importe, c'est qu'elles renforcent votre volonté et vous donnent l'énergie nécessaire pour avancer, pour aller plus loin.

Si vous avez identifié une pratique qui vous intéresse vraiment, ne vous empêchez surtout pas de l'aborder ou de la développer par sentiment d'insuffisance, sous prétexte que vous n'êtes pas assez ceci ou assez cela. Votre enthousiasme, votre volonté et votre motivation peuvent compenser largement cette soi-disant insuffisance.

Je suis/pourrais être payé(e) pour ; je peux/pourrais obtenir une contrepartie pour :

Parfait. À ce stade, il ne vous reste plus qu'une dimension de l'ikigai à examiner, à savoir tout ce dont le monde a besoin (qualités, valeurs, actions...). Relisez l'ensemble de vos listes en adoptant cet angle de vue. Par exemple, cherchez les valeurs, les forces ou les qualités qui sont les vôtres (*voir page 108*) ou que les autres vous attribuent et pour lesquelles ils font appel à vous (*voir page 111*) et qui, selon vous, peuvent apporter quelque chose au monde (*voir page 56 et page 93*). Ce que vous avez noté dans vos listes de gratitude (*voir page 55*) peut aussi vous mettre sur la voie de certaines valeurs importantes. Rappelez-vous l'exemple de la personne au caddie plein qui fait la queue à la caisse du supermarché et laisse passer devant elle une autre personne qui n'a que quelques articles. Nous pouvons en tirer quelques mots-clés : amabilité, attention, serviabilité, etc. – des valeurs qui ont un effet positif sur le monde dans lequel nous vivons. Reportez-vous aussi à la liste des personnes qui sont des modèles pour vous (*voir page 106*) : quelles qualités potentiellement utiles au monde incarnent-elles ?

Ce que vous aimez faire peut aussi vous donner des idées. N'oublions pas que ce qui nous plaît peut aussi plaire aux autres, que ce qui nous inspire peut aussi inspirer les autres. Bon nombre de nos projets ou de nos objectifs personnels peuvent être considérés dans une optique d'aide ou de service et peuvent donc aussi profiter au monde qui nous entoure.

Naturellement, vous êtes invité à inscrire aussi dans cette liste tout ce que vous n'avez pas encore noté ailleurs et, plus globalement, toute idée nouvelle qui vous viendrait à l'esprit.

De quoi le monde a-t-il besoin ?

Formidable. Vous touchez au but !

Faites un choix

Parcourez les quatre dernières listes que vous avez établies et entourez ce qui a le plus d'importance pour vous – mots-clés ou phrases-clés.

Complétez le graphique

Maintenant, observez le graphique ci-après :

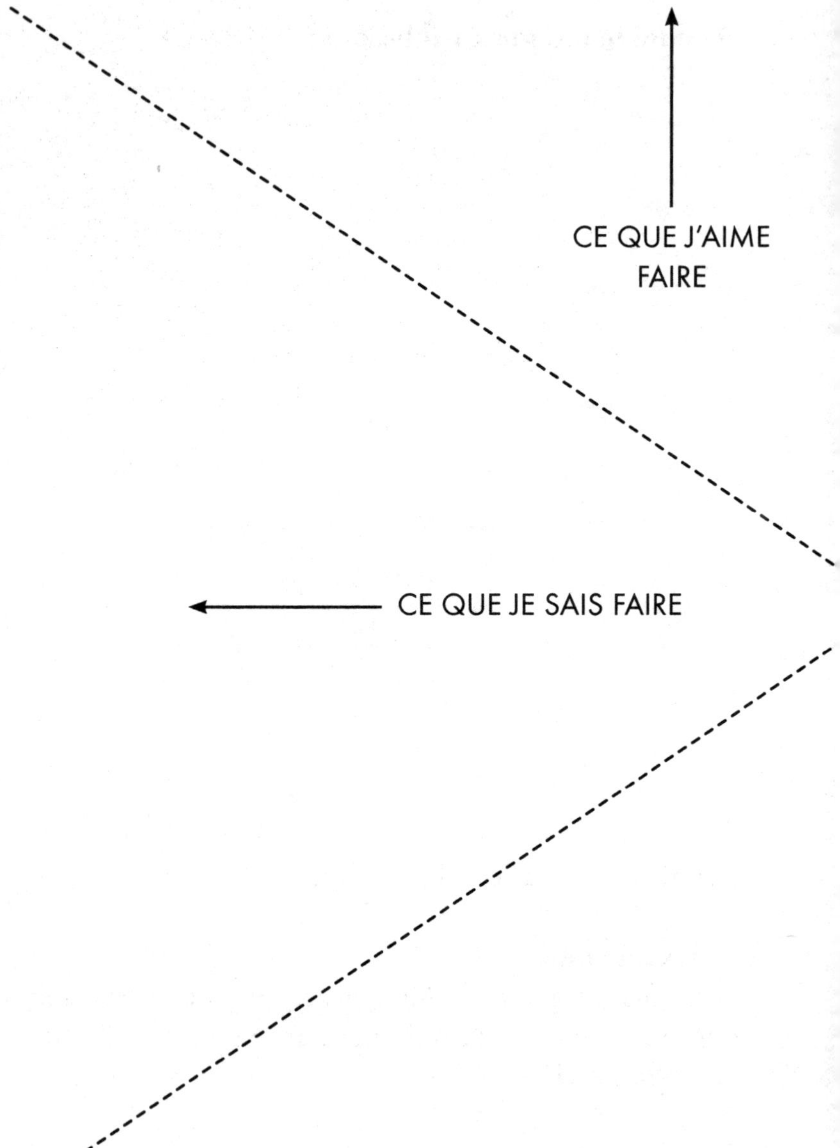
CE QUE J'AIME FAIRE
CE QUE JE SAIS FAIRE

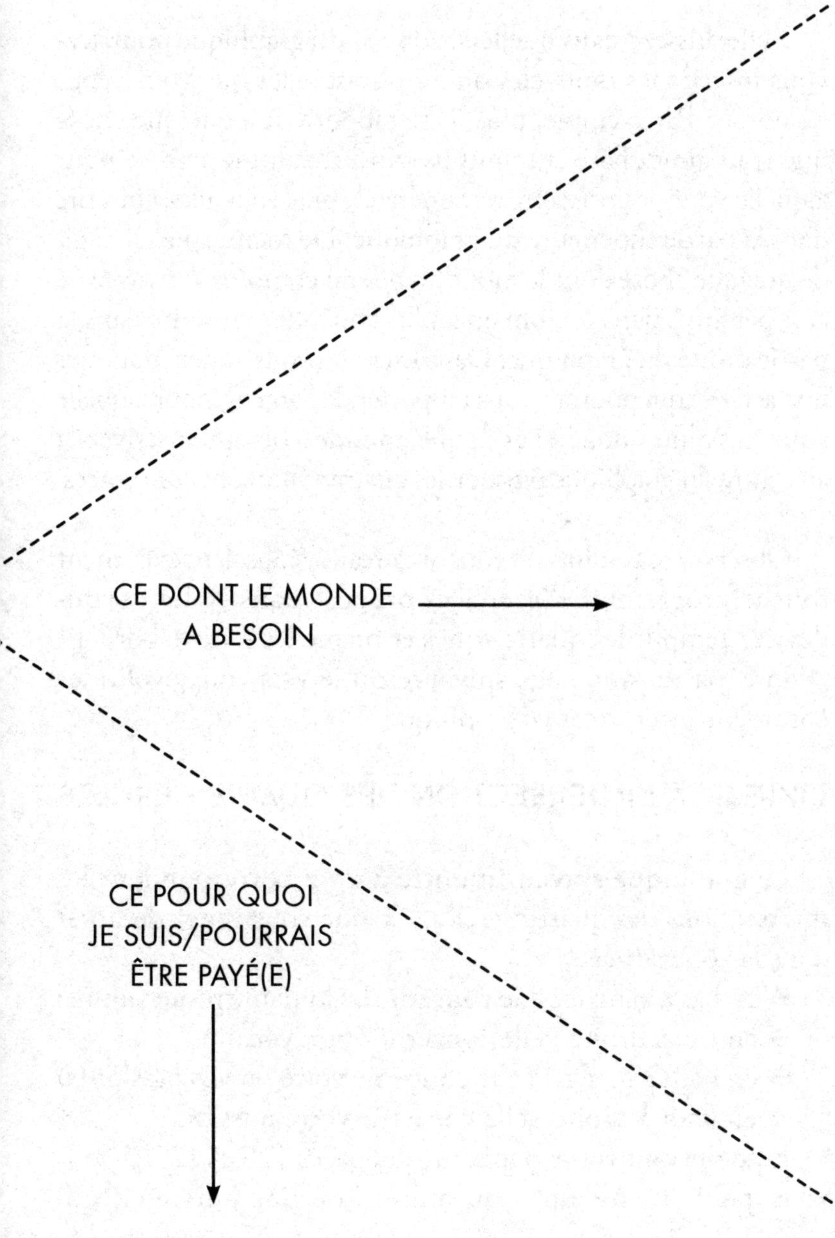
CE DONT LE MONDE A BESOIN
CE POUR QUOI JE SUIS/POURRAIS ÊTRE PAYÉ(E)

Réfléchissez : dans quelle(s) zone(s) du graphique pourriez-vous inscrire les mots-clés ou les phrases-clés que vous venez de noter ? Par exemple, plus ils se rapportent à quelque chose que vous aimez faire et moins ils concernent une activité pour laquelle vous pourriez être rémunéré(e), plus vous allez l'inscrire dans la partie supérieure du graphique. De même, plus il s'agit de quelque chose dont le monde a besoin et moins vous avez de compétences dans ce domaine, plus vous allez l'inscrire dans la partie droite du graphique. Dans le cas où vous aimez pratiquer une activité qui pourrait vous rapporter de l'argent, pour laquelle vous êtes plutôt doué(e) et dont le monde a besoin, inscrivez-la au centre du graphique puisque les quatre zones sont concernées.

Observez le résultat. Si vous avez réalisé consciencieusement tout le programme d'exercices proposé dans ce livre, vous devriez remplir les quatre zones et même les faire déborder !

Puis passez à la page suivante où je vais vous expliquer comment interpréter ce graphique.

L'IKIGAI : À L'INTERSECTION DES QUATRE CERCLES

Le graphique suivant montre à quoi correspondent les intersections des quatre cercles. Ce que vous venez de noter dans la zone située :

➔ en bas à gauche : elle concerne le domaine professionnel
➔ en bas à droite : elle concerne votre vocation
➔ en haut à gauche : elle concerne votre ou vos passion(s)
➔ en haut à droite : elle concerne votre mission

En observant votre graphique des pages 128 et 129, il vous vient peut-être à l'esprit un mot-clé ou une phrase-clé qui s'applique particulièrement bien à l'intersection des quatre cercles deux à deux, c'est-à-dire à votre profession, à votre vocation, à votre passion/vos passions et à votre mission. Bien sûr, vous avez le droit d'écrire plusieurs mots ou plusieurs phrases. Notez ces mots ou ces phrases sur le graphique coloré de votre ikigai que vous trouverez sur une feuille pliée et jointe à la fin du livre. Vous pouvez aussi créer votre propre graphique, celui de votre ikigai personnel, sur une grande feuille de papier en vous inspirant du modèle ci-dessous. Une fois que vous aurez fini de remplir le graphique de votre ikigai personnel, vous pourrez l'accrocher à un endroit bien en vue – histoire de ne pas le perdre de vue…

Génial ! Grâce à cet exercice, vous vous êtes encore rapproché(e) de votre ikigai ! Les quatre cercles de ce graphique se chevauchent et s'enrichissent mutuellement. Votre ikigai ne consiste pas seulement à faire ce qui vous enthousiasme ; il est encore plus durable et porteur de sens s'il correspond aussi à vos goûts, vos talents et vos capacités personnels, s'il vous permet de subvenir à vos besoins et s'il offre au monde quelque chose dont il a besoin.

D'ailleurs, les frontières du graphique sont poreuses. Observez la zone de la mission et la zone de la vocation. La mission est quelque chose qu'on aime faire et dont le monde a besoin. Mais à partir du moment où l'on est/pourrait être rémunéré(e) pour cette mission, elle devient une vocation. Voici un exemple concret pour vous permettre de mieux comprendre comment fonctionne ce graphique :

Supposez que votre voisin aime écrire, coucher ses idées sur le papier, faire surgir des mondes imaginaires et transmettre certains messages à travers ses écrits. Quelle est sa mission ? Divertir ou inspirer tout un public avec ses histoires et changer un peu le monde. S'il trouve un éditeur pour publier ses histoires, sa mission se transforme en vocation. Et si ses livres se vendent bien, il peut même gagner sa vie avec.

Il est également possible d'imaginer que votre voisin ne cherche pas à se faire publier – il écrit parce qu'il y prend du plaisir, tout simplement. Il peut alors se tourner vers l'autoédition ou tenir un blog – dans ce cas, le monde peut avoir connaissance de ses écrits et y réagir. Il gagne sa vie autrement, mais au fil du temps, son blog est de plus en plus lu… Finalement, un éditeur le remarque, ce qui lui permet de se consacrer encore plus à fond à l'écriture…

C'est la même chose pour des vidéos que vous pouvez mettre en ligne sur une plate-forme Internet par pur plaisir. Vous faites participer et réagir des internautes et pouvez gagner de l'argent avec ce que vous aimez faire si vos vidéos enregistrent un grand nombre de clics.

C'est ainsi que vous trouvez votre ikigai personnel. Normalement, à ce stade, vous ne devriez pas avoir trop de mal à répondre aux questions suivantes : *Pour quoi est-ce que je me lève le matin ? Qu'est-ce qui rend ma vie satisfaisante, épanouissante, bref digne d'être vécue ? Qu'est-ce qui lui donne du sens ?*

ET MAINTENANT ? SURMONTER LES OBSTACLES DE LA VIE

« On a tendance à dire : là où il y a une volonté, il y a un chemin. J'ose affirmer que là où il y a un but, il y a une volonté. »

Viktor Frankl

Les coachs et gourous de tout poil, les innombrables blogs et séminaires nous montrent comment nous pouvons poursuivre nos objectifs de manière plus résolue et plus cohérente, mieux gérer notre temps et augmenter notre motivation à mieux maîtriser ce que nous avons à faire. Nul doute que tout cela nous apporte des conseils très utiles à appliquer au quotidien pour nous aider à mettre en œuvre nos projets personnels. Toutefois, après avoir identifié ce qui est porteur de sens dans notre vie, nous ne nous demandons pas *comment* nous pouvons réussir ce que nous faisons, mais plutôt *pourquoi* nous le faisons. Et une fois que nous le savons, la motivation suit – et elle est forte, en général. Nous sentons un enthousiasme intérieur, une excitation terrible, un désir profond de passer à l'action et de réaliser ces choses qui correspondent à notre ikigai.

Cette motivation intérieure peut déclencher en nous une véritable poussée d'énergie qui nous donne des ailes. Les nombreux obstacles qui nous avaient jusque-là empêchés de réaliser nos objectifs se dissipent comme par enchantement. Et nous sommes en mesure d'en surmonter d'autres, notre élan intérieur nous invitant à développer des stratégies efficaces et, surtout, à persévérer. Soudain, nous n'avons plus aucun mal à nous fixer des priorités et, du coup, nous résolvons le problème de la gestion du temps.

Notre motivation ne stimule pas seulement notre créativité et notre ténacité pour trouver des solutions, mais aussi notre endurance dans la poursuite de nos objectifs. Par exemple, si vous avez du mal à vous sortir du lit le matin alors que vous voulez toujours démarrer la journée une demi-heure ou une heure plus tôt, le fait de savoir désormais clairement *pour quoi* vous vous levez et votre meilleure gestion du temps vous permettront d'avoir une journée beaucoup plus fructueuse. Notre ikigai est l'essence de ce qui nous fait agir par conviction intérieure, favorisant ainsi notre croissance et notre épanouissement.

Gardez toujours en ligne de mire les objectifs rattachés à votre ikigai personnel. Y compris quand vous allez vous coucher le soir. Endormez-vous en vous visualisant vous attaquer à vos projets le lendemain matin avec une vision claire des choses et une énergie nouvelle. Si vous avez vraiment découvert votre ikigai, vous ne devriez plus avoir de difficulté à démarrer la journée avec un dynamisme incroyable et… peut-être même un peu plus tôt que d'habitude ! En gardant les yeux rivés sur votre ikigai, il vous sera également beaucoup plus facile de surmonter vos peurs intérieures.

Moi-même, quand je suis plongée dans l'écriture de ce livre, je prends conscience, le soir avant d'aller me coucher, de cette activité qui fait vraiment partie de mon ikigai personnel. Comme je l'ai déjà dit dans l'introduction, le principe de l'ikigai fait fortement écho en moi depuis que j'ai lu à ce sujet, même si cela faisait très longtemps que je m'interrogeais sur le sens de la vie, de ma vie, et sur la quête du sens. Ainsi, je trouve toujours le temps, où que je sois, de creuser la question de savoir quelles sont les choses qui ont le plus de sens et d'importance à mes yeux.

Comme je trouve ce sujet personnellement passionnant et de la plus haute importance, transmettre le principe de l'ikigai à d'autres personnes à travers ce livre fait justement partie de mon ikigai. Me dire que les exercices et les outils que je propose peuvent rapprocher les lecteurs et les lectrices de leur ikigai personnel est extrêmement inspirant et motivant. C'est ainsi que je me lève le matin près d'une heure avant mon heure de lever habituelle et que, dès le petit-déjeuner, je ne peux pas attendre plus longtemps pour poursuivre l'écriture de ce livre. Ces dernières semaines, ma pièce de travail s'est transformée en un véritable atelier créatif où règne une sorte de chaos organisé : de nombreuses notes sont fixées au mur, des piles de livres s'accumulent à différents endroits, des feuilles de textes, soit terminés, soit incomplets, sont étalées sur une grande table et attendent d'être complétées et remaniées pour finir par trouver leur place dans ce livre et mon PC m'offre un immense « terrain de jeu » sur lequel je m'adonne à des voyages d'exploration réguliers. Il m'arrive donc de ne pas répondre au téléphone ou de laisser mes mails non lus s'accumuler parce que je ne veux pas perdre le fil de mes idées. Sans parler de mon estomac qui gargouille pour me signaler qu'une pause serait la bienvenue depuis longtemps, mais que j'ignore le plus souvent. Lorsque je prends conscience de sa présence, je me rappelle quelques-uns des conseils que j'ai moi-même donnés dans d'autres livres et me prescris une pause repas et détente. Pourtant, ignorer temporairement les signaux de mon corps parce que je suis totalement plongée dans ce que je fais me paraît être un problème accessoire. Sentir la poussée intérieure, observer le travail de la pensée, l'émergence d'une foule d'idées dans mon esprit, tel un feu d'artifice, et voir mon texte apparaître sur l'écran de mon ordinateur en ouvrant mon fichier, tout cela est extraordinairement gratifiant, épanouissant et riche de sens. Lorsque je travaille, j'ai ce sentiment de légèreté incroyable qui fait disparaître instantanément tous les obstacles que je rencontre par ailleurs au quotidien.

Alors, lorsque vous mettez en pratique différents aspects de votre ikigai, demandez-vous toujours *pourquoi* ou *pour quoi* vous faites cela et en quoi cela donne du sens à votre vie. Cela vous permettra de surmonter vos obstacles aussi bien intérieurs qu'extérieurs.

Si vous arrivez au terme de ce livre en ayant réalisé l'ensemble de ses exercices, vous arrivez à la fin d'un voyage passionnant, mais intense. Vous avez exploré à fond de multiples aspects de votre ikigai personnel et peut-être même débusqué un ou plusieurs « faux objectifs » – des objectifs illusoires, qui ne vous appartiennent pas et ne correspondent pas à votre vie ni à vos convictions personnelles, car fondés sur les représentations ou les opinions des autres. Je vous encourage à rester attentif(ve) à ce qui se passe en vous et à écouter votre voix intérieure. La vie se transforme, et nous aussi ; nous ne cessons jamais d'évoluer. Les personnes fortement reliées à leur ikigai ne pourront pas ne pas remarquer que les circonstances de la vie rendent possible l'accomplissement de leur ikigai et s'y adaptent, si nécessaire. Reliez-vous encore davantage à vous-même, restez dans une attention éclairée et n'oubliez jamais à quel point il est essentiel pour nous, êtres humains, de savoir dans quel but nous nous levons le matin.

Votre voyage continue. Je vous souhaite d'y puiser beaucoup de joie et de garder votre esprit constamment en éveil.

PETIT RÉSUMÉ DE LA PRATIQUE DE L'IKIGAI

Du temps pour les rêves

De temps en temps, prenez le temps de réfléchir à vos rêves. Quels sont les rêves importants pour vous ? Et ceux que vous aimeriez réaliser ? Quelles aspirations, quels objectifs avez-vous refoulés, mis de côté, voire considérés comme une « affaire classée » parce que vous n'avez pas vu de place pour eux dans votre vie, du moins jusqu'à présent ? Examinez les projets qui, dans votre situation de vie actuelle, correspondent à votre ikigai, et à quoi ressemblent vos objectifs personnels.

Restez actif

Ne tombez pas dans un état de repos, une sorte de « point mort » physique et mental. Stimulez votre énergie de vie et vous encouragerez votre ikigai.

Veillez à prendre soin de vous

Respirer au grand air, manger sain et équilibré, bouger suffisamment, bien dormir, puiser de la force dans la nature : tout cela fait partie du soin que l'on s'accorde à soi-même.

Évitez le piège du stress

L'agitation et le stress sont des poisons pour le corps, l'âme et l'esprit. Visez régulièrement à maintenir ou retrouver un équilibre sain.

Pratiquez la gratitude

Passez en revue les choses envers lesquelles vous êtes reconnaissant(e). Reprenez vos listes des pages 56 et 93 pour vous aider. Si vous sentez que cela vous correspond de prendre conscience, ainsi, des choses pour lesquelles vous éprouvez de la gratitude, vous pouvez commencer à tenir régulièrement un « journal de la gratitude ».

Vivez en communauté

Rechercher la compagnie d'amis, favoriser l'esprit communautaire, s'entraider et se soutenir mutuellement – tout cela fait partie des aspects importants de l'ikigai.

Fiez-vous à vous-même pour savoir ce qui est bon pour vous

En ce qui concerne notre ikigai personnel, nous sommes nous-mêmes le centre du monde. Personne d'autre que nous ne peut nous dire ce qui donne un sens à notre vie. Nous pouvons écouter les suggestions d'autrui, nous inspirer de leur comportement ou de leur mode de vie, mais nous sommes les seuls, au bout du compte, à choisir ce qui correspond à notre ikigai – c'est la seule chose qui soit authentique et puisse nous satisfaire profondément.

Écoutez votre cœur

Pour trouver notre ikigai, nous devons écouter notre cœur. Nous avons trop tendance à ignorer ou à évincer ses messages, et pourtant, c'est lui qui nous montre le mieux le chemin. Notre chemin. Dès que nous savons ce que nous dit notre cœur, nous savons les choses que nous pouvons appliquer dans notre quotidien en nous aidant de notre raison.

La valeur des petites choses

L'ikigai est à trouver autant dans les petites choses du quotidien que dans les grands projets couronnés de succès. La plus petite activité, la moindre perception, une seule pensée même peuvent être aussi gratifiantes et riches de sens qu'un projet spectaculaire. Regarder un faucon décrire des cercles dans le ciel peut faire battre autant le cœur d'un homme que les applaudissements frénétiques du public après un discours réussi. Une inspiration, puis une expiration dans la pleine conscience peuvent être aussi revigorantes qu'un menu gastronomique.

Restez curieux

Nous devrions rester attentifs et curieux, même dans les nouvelles périodes de notre vie et après avoir trouvé notre ikigai personnel. Car il suit notre évolution et nos remises en question, d'où sa redéfinition nécessaire parfois. Lorsque notre vie change radicalement et que nous ne savons plus très bien à quoi ressemble notre ikigai, notre prochain objectif est peut-être d'en trouver un nouveau qui correspond davantage à notre vécu et à ce que nous sommes devenus.

Petit test de l'ikigai

À l'aide des questions suivantes, vous pouvez savoir si telle ou telle chose dans votre vie correspond à votre ikigai.

Cette chose :

- Vous donne-t-elle de l'énergie ?
- Vous rend-elle plus vif(ve), plus vivant(e), plus en éveil ?
- Favorise-t-elle votre motivation ?
- Vous donne-t-elle une raison de vous lever le matin avec plaisir ?

- Vous touche-t-elle au plus profond de vous-même, dans votre cœur ?
- Vous donne-t-elle le sentiment d'être pleinement vous-même ?
- Rend-elle votre vie plus colorée, plus épanouissante, plus gratifiante ?
- A-t-elle une influence positive sur les autres/votre entourage ?
- Pouvez-vous la partager avec enthousiasme avec les autres et est-elle susceptible de motiver ou d'inspirer d'autres personnes ?

Remarque. Il n'est pas important de répondre oui à toutes les questions. Dans la vie, beaucoup de choses nous apportent une satisfaction profonde, mais secrète, tranquille, silencieuse, et ne nous incitent pas forcément à soulever des montagnes. Elles peuvent correspondre parfaitement à notre ikigai sans pour autant doper notre motivation. Si vous avez répondu spontanément oui à plusieurs des questions ci-dessus, il y a de fortes chances pour que cette chose fasse partie de votre ikigai.

« Ce n'est que dans la mesure où l'homme trouve du sens qu'il se réalise. »

Viktor Frankl

APPENDICE

SOURCES BIBLIOGRAPHIQUES

Chapitre Yuimaru – la force de la communauté

Martin E.P. Seligman, spécialiste des recherches sur le bonheur, montre à quel point une action tournée vers plus grand que soi est créatrice de sens dans :

Martin E.P. Seligman, « Afterword, Breaking the 65 Percent Barrier », dans *A Life Worth Living. Contributions to Positive Psychology*, Mihaly Csikszentmihalyi et Isabella Selega Csikszentmihalyi, Oxford University Press, 2006, p. 235.

Chapitre « C'est divin » – exemples d'ikigai personnel

Les exemples d'Okinawa proviennent de la conférence TED de Dan Buettner, « How to live to be 100 ? » (« Comment vivre jusqu'à 100 ans et plus ?). Elle est disponible sur Internet sous le lien suivant : https://www.ted.com/talks/dan_buettner_how_to_live_to_be_100?language=de#t –449176

Les autres exemples de ce chapitre proviennent d'amis et de connaissances que j'ai interrogés, ainsi que de la vidéo sur YouTube « Ikigai – meaning and purpose »

https://www.youtube.com/watch?v=dTVq-LcdQn4

Chapitre Qu'en dit la science ?

Vous trouverez des informations sur l'étude d'Ohsaki dans l'article de Christopher Peterson « Ikigai and Mortality », dans *Psychology Today*, 17 sept. 2008, https://www.psychologytoday.com/blog/the-good-life/200809/ikigai-and-mortality

Enfin, vous trouverez un petit résumé des résultats d'une autre étude de longue durée, menée sur plus de

70 000 volontaires, et qui montre que l'ikigai agit positivement sur l'espérance de vie, sous le lien suivant : https://www.ncbi.nlm.nih.gov/pubmed/19539820

Badri N. Mishra, « Secret of Eternal Youth, Teaching from the Centenarian Hot Spots » (« Blue Zones »), dans *Indian Journal of Community Medecine*, oct. 2009, 34(4), p. 273-275.

Dan Buettner, *Blue Zones,* « Où vit-on mieux et le plus longtemps ? » Enquêtes de la Fondation National Geographic, Témoignages à travers le monde, *Ça m'intéresse,* 2010.

Chapitre Trois belles choses
Martin Seligman décrit cet exercice dans *S'épanouir*, Belfond, 2013.

Chapitre L'intelligence du cœur
La citation de Maya Angelou provient du livre de Baptist de Pape, *L'infinie puissance du cœur*, Trédaniel La Maisnie, 2014.

Chapitre Objectifs intrinsèques
Jari-Erik Nurmi et Katariina Salmela-Aro étudient l'importance des objectifs intrinsèques dans leur article « What Works Make You Happy », dans *A Life Worth Living, Contributions to Positive Psychology*, Mihaly Csikszentmihalyi et Isabella Selega Csikszentmihalyi, Oxford University Press, 2006, p. 186 et suiv.

Le psychologue Michael V. Pantalon parle de la motivation intrinsèque dans son livre *La méthode de l'influence immédiate*, Trédaniel, 2015.

Chapitre L'art de se projeter dans le futur

Je suis tombée pour la première fois sur le principe de la projection dans le futur dans les livres de la psychologue américaine Shane J. Lopez et du psychiatre français Michel Lejoyeux :

Shane J. Lopez, *Making Hope Happen*, Simon and Schuster, New York, 2013, p. 33 et suiv.

Michel Lejoyeux, *Les quatre saisons de la bonne humeur*, J.-C. Lattès, 2016, p. 65 et suiv.

Chapitre Le cercle magique

L'illustration est celle de Marc Winn qui tient un blog sur www.theviewinside.me

Appendice

POUR ALLER PLUS LOIN : SUGGESTIONS DE LECTURES

Leo Bormans, *Happiness – le grand livre du bonheur*, Éditions de l'homme, 2011

Leo Bormans, *Optimiste : guide pratique pour voir la vie du bon côté*, J'ai Lu, 2017

Leo Bormans, *20 chemins vers le bonheur*, Éditions de l'homme, 2016

Viktor E. Frankl, *Retrouver le sens de la vie*, InterÉditions, 2017

Viktor E. Frankl, *Découvrir un sens à sa vie avec la logothérapie*, J'ai Lu, 2013

Viktor E. Frankl, *Nos raisons de vivre : À l'école du sens de la vie*, InterÉditions, 2009

Michel Lejoyeux, *Les cinq clés du comportement – construire soi-même son optimisme*, Le Livre de poche, 2015

Elisabeth Lukas, *De ta souffrance, tu peux faire quelque chose*, Pierre Téqui éditeur, 2005

Elisabeth Lukas, *Quand la vie retrouve un sens*, Pierre Téqui éditeur, 2005

Elisabeth Lukas, *Chants du signe*, Pierre Téqui éditeur, 2000

Martin Seligman, *Vivre la psychologie positive*, Pocket, 2013

Martin Seligman, *La force de l'optimisme*, Pocket, 2012

Martin Seligman, *L'école de l'optimisme*, Éditions de l'homme, 2013

REMARQUE

5 % des recettes de l'auteure de ce livre vont à l'Inselhaus Kinder-und Jugendhilfe, situé à Beuerberb, au sud de Munich.

L'objectif du travail pédagogique de cette maison d'aide à l'enfance et à la jeunesse est de soutenir des enfants et des adolescents dans le développement de leur identité et de leur donner la possibilité de repérer, d'accepter et d'intégrer dans leur vie quotidienne leurs propres besoins, désirs, forces et fragilités. Cette structure les accompagne sur ce chemin vers soi-même « avec le cœur et la raison » et crée ainsi les conditions leur permettant de trouver et d'accomplir leur ikigai personnel.

Vous trouverez d'autres informations sur cette institution à l'adresse : http://inselhaus.org

REMERCIEMENTS

Ce fut une joie pour moi d'écrire ce livre. Mais sans le soutien de nombreuses personnes, mon projet serait resté lettre morte. Tout d'abord, je tiens à remercier Katharina Festner, des éditions DTV, qui fut toujours à l'écoute de mes idées et qui, dès le départ, encouragea et accompagna ce projet avec un esprit constructif et un enthousiasme incroyable. Katharina, sache que j'apprécie ton engagement et toutes les qualités que tu as mises au service de ce livre.

Je remercie également l'ensemble de l'équipe éditoriale qui participa à la naissance de ce livre avec tant de motivation et de créativité. Notamment Lisa Jüngst pour la mise en page, Alexandra Bowien pour les schémas et la jaquette, Katharina Netolitzky pour le dessin des caractères japonais de l'ikigai, Veronika Pfleger pour la création de la page Web www.dtv.de/ikigai sur laquelle les lecteurs peuvent échanger au sujet de leur ikigai personnel et, enfin, Bernd Schumacher pour la composition.

Quant à Julia Helfrich, Andrea Seibert, Constanze Chory et Monika Kick, responsables des droits étrangers, elles m'ont impressionnée et je les remercie tout particulièrement, car c'est grâce à elles que ce livre est traduit dans d'autres langues et paraît dans de nombreux pays. Vraiment un grand merci pour votre investissement total. Je suis très curieuse de savoir dans quel endroit du monde ce livre va peut-être atterrir et je me réjouis d'avoir des nouvelles, succinctes ou détaillées, de la Communauté ikigai grâce au lien www.dtv.de/ikigai

Je suis profondément reconnaissante à ma famille et à mes amis pour le temps passé ensemble, les échanges et leur soutien indéfectible. Vous êtes l'aspect le plus important de mon ikigai.

Je vous souhaite à vous, lecteur/lectrice, et à tous les habitants de cette planète, du fond du cœur, de ne jamais perdre de vue le sens de votre vie.

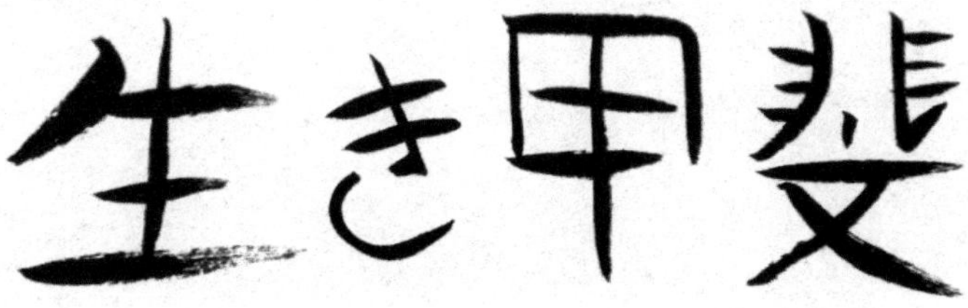

Notes

Notes

Notes

Notes